小學生心理學漫畫

6

我^來散播歡樂

培養幽默力！

快樂文化

寫在前面的話

　　孩子有沒有幽默感呢？有的家長可能會認為只有大人才有幽默感，小朋友年紀太小，還不懂什麼是幽默感。事實上這是一種偏見。在孩子的成長過程中，因為思想及行為無法像大人一樣自由，解決問題的能力也比較弱，所以此時他們可以藉由幽默感，來應對各種問題及排解情緒，例如交朋友、表達自己的想法，或是化解尷尬的事。

　　平時細心留意，我們可能會發現，具有幽默感的孩子，社交能力比較好，獨立自主的能力也比較強，而且更有自信，他們往往能輕鬆面對問題及解決困難。幽默感有助於孩子養成積極樂觀的心理，更快樂的生活。

　　那麼要如何增加孩子的幽默感呢？處於小學階段的孩子，模

仿能力很好，家長若能以身作則，對於培養孩子的幽默感會很有幫助。從心理學的角度來看，不論是大人還是小孩，每個人都有「笑」和「讓別人笑」的能力，因此我們可以透過一些情境練習和實際演練，讓孩子能自主發展與加強自己的幽默感，並使幽默感自然而然的成為一種生活習慣。

本書中有許多協助孩子在家庭和校園生活中，提升幽默感的練習與方法，只要透過不斷的模擬和訓練，都可以讓孩子輕鬆體驗幽默感所帶來的幫助。

幽默除了可以讓生活變得更快樂，也可以讓孩子變得更積極、更樂觀。

本書介紹及使用說明書

　　幽默感可以讓孩子更容易應對生活中的壓力與困難，所以本書以孩子的社交及表達能力為主線，讓孩子可以在家庭、校園中輕鬆的練習；內容主要包括如何提升孩子的幽默感，以及如何運用幽默感來面對各種問題。

　　全書劃分為：認識幽默、幽默的日常應用、幽默的談話技巧、提升幽默力、錯誤的幽默，以及幽默不被理解時，共六大章，共有38個情境技巧練習。每個人擅長的幽默方式不一樣，我們可以在本書內容中，找到適合的章節來做練習，逐步培養孩子的幽默力。

1

讓孩子認識什麼是幽默，了解幽默所帶來的好處，並清楚分辨搞笑與嘲笑的不同，相信自己也可以讓別人開心的笑。

2

收集一些需要幽默感的生活情境，讓孩子進行相關的訓練，學會用幽默解決問題。例如想跟不熟的朋友聊天，希望和朋友交談時氣氛更歡樂等等。遇到這些問題時能運用幽默，選擇適合的應對方式。

3

訓練孩子用幽默的言語表達。要提升幽默感，最主要的還是要有良好的口才。在日常社交中，用幽默的言語跟別人溝通，往往能夠化解尷尬、避免傷害。如果提升孩子的口才，幽默感也會大幅增加。

4

歸納出提升孩子幽默感的方法。例如學會自嘲、具備寬容的心態、多聽多看輕鬆幽默的故事，以及學習大人的幽默感等等。掌握這些方法，可以加強運用及感受幽默的能力。

5

讓孩子了解幽默並不是萬能的，運用幽默感時要因人而異，也要控制及調整好運用的方向。例如避免讓幽默變成諷刺、不要為了想要幽默而幽默、同一種幽默並不適用於所有人等等。

6

說明如果幽默不被理解時，我們可以怎麼做。因為每個人感受幽默的能力不同，所以也會發生不被理解的情況；例如說有趣的話題但沒人笑等。藉由檢討與反思，可以讓孩子實踐幽默的能力更好。

目 錄

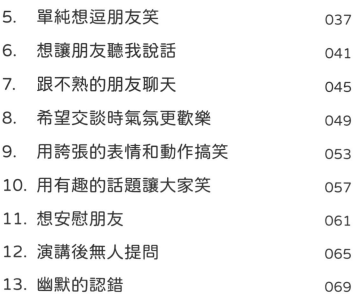

1

認識幽默

❶ 我想成為「開心果」

班上有位同學，大家都很喜歡跟他說話，他也總是能讓大家哈哈大笑。

他是怎麼做到的呢？

等等我！

幽默能安慰心情不好的朋友。

幽默能讓我們成為備受歡迎的「開心果」。

先從練習有趣的表情開始。

太棒了！

我也想要成為一個幽默的人。

……然後，那隻猴子就這樣……

成為幽默的人是很棒的，你還可以了解更多關於幽默的知識，讓我們繼續往下看。

1
● 什麼是幽默？ ●

　　我們也許不了解是什麼幽默，但可能聽過別人說「你很搞笑」，搞笑就是一種幽默，意思就是「讓人開心的笑」；同學們也可能會說「你真是個開心果」，開心果也是相同的意思，都是指「你很幽默」。

　　你可能還會發現，常被說像「開心果」的同學比較受歡迎，因為他們很容易讓人覺得快樂。我們每個人都可以成為幽默的人，除了能讓自己快樂，也同時能讓身邊的人快樂。

幽默發揮作用

1 哈哈，你很搞笑耶！

2 跟你在一起很開心，因為你很有幽默感。

3 你真是個開心果！

幽默沒有發揮作用

1 這件事一點都不好笑。

2 你的笑點好低喔！

3 別開玩笑了，我們應該聊些正經的事。

4 你不應該把別人的事當笑話來看。

技巧練習及總結

1.有的人笑點高，有的人笑點低

笑點低的人比較容易發笑！

小結

為什麼有時展現幽默感，卻沒有讓身邊的人覺得好笑？這是因為每個人的笑點都不同。有的人笑點比較低，聽到很普通的笑話就可以哈哈大笑；有的人笑點比較高，普通的笑話也許無法讓他覺得很有趣。

2.有的人會笑，有的人不笑

每個人對於幽默的認知不見得一樣。

小結

對我們來說很好笑的事，對其他人來說就不一定了。所以有時候聽其他人說笑話時，他自己會笑個不停，我們卻不覺得好笑。除了跟笑點的高低有關，還跟每個人對幽默的認知不同有關。

3.幽默也有無法發揮作用的時候

幽默沒有一定的標準。

小結

幽默不一定每次都可以發揮作用，不同的時間、地點，或對不同的人而言，都會有不同的效果。所以培養幽默感需要長時間慢慢累積經驗，沒有一定的標準。

和心理博士
聊聊天

　　「幽默」的英文為 Humour 或 Humor，著名學者林語堂先生在1924年按照英文的發音，將 Humour 翻譯為「幽默」。他認為：「幽默可以開創一種新的風格，並彌補從古至今中國文學的缺憾。」他後來也解釋：「幽默兩個字純粹是音譯而來，寫文章臨時想到的，並非經過百般思考後才決定，也不是隱藏了什麼深奧的意義。」

　　在此之前，人們把一些有趣或令人發笑的言行舉止，稱為滑稽、詼諧、風趣、調侃等等，這些用詞在中國的史書、傳記、小說，特別是筆記文學中，皆有大量的記載，但從來沒有人對其所反映的現象和內容做進一步分析。現在，你可以藉由閱讀本書的內容，來更了解關於幽默的各種知識。

2
● 幽默的好處 ●

　　為什麼要有幽默感？我們問不同的人時，可能會得到各種不同的答案。例如幽默可以讓身邊的人感到快樂、讓同學們更喜歡我、和別人交談時會更輕鬆愉快等等。不論是哪一種答案，都會得到一個共同點：幽默對我們日常的社交活動和與人交談時都很有幫助，不僅能拉近人與人之間的距離，還可以解決很多我們社交時會遇到的麻煩。

運 用 幽 默 之 前

1. 大家覺得我很悶，都不喜歡跟我玩。

▼

2. 有同學覺得難過時，我不知道該怎麼安慰他或讓他開心一點。

▼

3. 覺得自己把氣氛弄得很尷尬，好丟臉。

▼

4. 同學容易把玩笑話當真，很難讓他覺得有趣好玩。

運 用 幽 默 之 後

1. 你很有趣，我喜歡和你在一起玩。

▼

2. 原本氣氛很緊張，但大家聽完我說的話後，心情都放鬆下來了。

▼

3. 謝謝你在我不開心的時候，帶給我快樂。

▼

4. 本來氣到想罵人了，但看到他的表情後，我也忍不住笑起來。

技巧練習及總結

1.開心果總是受大家歡迎

幽默可以幫助我們成為社交達人。

小結

幽默的人總是讓人覺得輕鬆愉快，所以會比較受歡迎。如果想成為受歡迎的社交達人，可以培養幽默感，試著成為同學們眼中的開心果。

2.讓身邊的人覺得快樂

遇到心情不好的朋友，我可以讓他變得開心一點。

小結

幽默最明顯的好處，就是可以帶給身邊的人歡樂的氣氛，讓人變得開心。如果遇到心情不好的朋友，可以試著用幽默帶給他快樂，讓他從不開心的情緒中走出來。

3.化解尷尬的場面

有時場面尷尬是因為我們不懂幽默，要試著把尷尬轉變為歡樂！

小結

幽默還可以化解尷尬的場面。在社交場合中，難免會有令人覺得尷尬的時候，這時就需要運用幽默感，將尷尬轉變為歡樂的氣氛；當然，這也需要我們具有即時應變的能力。

搞笑的氣氛讓大家都不再生氣了。

小結

幽默可以避免一些正面的衝突。例如原本大家都覺得很生氣，但氣氛變成有趣又搞笑時，往往就有安撫情緒的作用，讓大家冷靜下來。

和心理博士聊聊天

幽默可以幫助我們聯想，產生更廣泛及富有創造性的思考，所以能提高我們的學習效率。我們可以把幽默視為一種學習的「工具」，用「笑」來引發求知慾及提升各種層面的思考能力。

幽默也是建立友誼重要的基礎，能讓我們更輕鬆面對環境及他人，幫我們在社交活動中建立自信心，還能避免我們陷入對別人生氣、猜疑或害羞等等的情緒，所以大家都喜歡和幽默的人做朋友。如果我們富有幽默感，就能得到更多人的支持與信任，並與身邊的人保持友好的關係。

3
● 搞笑和嘲笑完全不同 ●

　　搞笑是一種幽默，但並非所有和「笑」有關的話題都屬於幽默。例如搞笑和嘲笑，就是兩件完全不同的事。

　　搞笑和嘲笑最基本的不同，在於使用時的立場和目的完全不同。搞笑是為了讓自己與他人覺得開心，可以帶動歡樂的氣氛；嘲笑則是為了取笑他人，使別人感到難堪。有時我們以為自己在搞笑，但卻被誤認為嘲笑，所以運用幽默感時，避免引起別人的誤會是非常重要的。

搞笑可能會產生的心理

1. 能讓大家覺得開心，我自己也很開心。

▼

2. 覺得自己很厲害，可以為大家帶來歡樂。

▼

3. 他心情很不好，要想辦法讓他不要再這麼難過。

▼

4. 感覺媽媽生氣了，我應該讓媽媽不再生氣，讓她開心起來。

嘲笑可能會產生的心理

1. 考試成績這麼差，還想要考第一名，是在說笑吧……

▼

2. 他踢球時不小心腳扭傷了，所以走路一拐一拐的，看起來好好笑喔！

▼

3. 他的髮型看起來好呆，讓人忍不住想笑。

技巧練習及總結

1.有令人開心的笑，也有傷害別人的笑

不能讓「好笑」成為一種攻擊行為！

小結

並非所有「讓別人笑」和「被笑」都是好的。開心的笑是由幽默帶來的，無意間傷害別人的笑，則可能是使用幽默的方法或時機不對；如果是有意傷害別人的笑，就會變成具攻擊性的嘲笑了。

2.搞笑和嘲笑的出發點不同

使別人開心，和攻擊、傷害別人，是完全不同的。

小結

搞笑和嘲笑的出發點不同，其實很容易就能區別。搞笑是為了使別人開心，嘲笑則會攻擊或傷害別人。發揮幽默感時也要小心，避免因為每個人理解的方式不同而造成誤會，把「使別人笑」誤認為是嘲笑。

3.不隨意嘲笑他人

如果自己被別人嘲笑，往往也會不開心。

小結

我們可以不幽默，但絕不能隨意嘲笑別人，這是一種沒有自信的表現。也許我們覺得只是開了一個小小的玩笑，但對其他人來說可能會造成很大的傷害；換個立場想，如果是自己被其他人嘲笑，通常也會覺得不開心吧！

和心理博士
聊聊天

　　嘲笑是指取笑別人，或者對別人開玩笑，通常含有諷刺、不喜歡的意味在，屬於貶低、輕視他人的行為。

　　搞笑則是指有意識的發表言論或做出舉動，來引人發笑，可以令人感到開心和放鬆心情。生活可以多一點幽默和搞笑，而不需要譏諷和嘲笑，因為我們不能把自己的快樂建立在別人的痛苦上。

　　在什麼場合、對什麼人說什麼樣的話，都應該要特別注意：例如諷刺和嘲笑貧窮或身體殘疾的人，拿他人的缺點來開玩笑，就是非常不可取的行為。幽默的作用並不是攻擊別人，而是要令人開心與化解衝突，讓我們有更多好朋友。

4

● 幽默是一種能力 ●

　　要如何提升自己的幽默感？每個人都可以成為幽默的人嗎？答案當然是肯定的。幽默是一種能力，即使天生缺乏「搞笑」的言語表達或肢體動作，也可以透過訓練成為幽默的人，不論是懂得運用幽默還是能感受幽默。從現在開始做一些有關幽默的練習和實際演練，來提升自己的幽默感，讓身邊的人也感到開心吧！

可 能 會 產 生 的 心 理 阻 力

1.
我不懂要怎麼搞笑，看樣子無法成為幽默的人了。

▶

2.
幽默感是天生的，我沒辦法學會。

▶

3.
我很容易被別人逗得哈哈大笑，但不太會逗別人開心啊！

心 理 分 析 和 暗 示

1 如果能帶給別人快樂，我也會很開心。我想變得更有幽默感！

2 讓自己在生活中逐漸養成幽默的習慣。

3 大家相互表達幽默感，交流起來更快樂。

4 透過練習和實際演練，我也可以變成幽默的人。

技巧練習及總結

1. 運用幽默和感受幽默

會「讓別人笑」意味著別人
也會「讓你笑」。

小結

幽默感需要有兩個人互相交流，才能發
揮作用，其中一個人可以運用幽默，另
一個人則是感受幽默。如果能夠讓對方
笑，通常也代表對方可以讓自己笑。

2. 找到適合自己的幽默方式

我們也能變得更幽默，並帶
給其他人快樂！

小結

不同的人除了幽默方式不同外，感受幽
默的能力也不同。其實每個人都有讓別
人哈哈大笑的能力，會認為自己不夠幽
默，或無法學會幽默，只是因為還沒有
找到適合自己的幽默方式。

3. 很多地方都隱藏著搞笑的話題

幽默的人可以隨時隨地讓人
開心！

小結

幽默的人，在各種場合幾乎都能找到搞
笑的話題或事物。他能就地取材或藉題
發揮，展現十足的幽默感，隨時隨地都
能讓人覺得開心。

覺得自己不夠幽默？透過訓練也可以成為幽默大師！

小結

透過練習，可以培養幽默感與讓別人快樂的能力。有人可能會認為培養幽默需要天分，但是藉由後天的努力，我們一樣能成為具備幽默感的人。

 和心理博士聊聊天

　　稱讚某人「很有幽默感」時，往往也是指這個人有很好的理解和創造能力；所以具有幽默感的人，也有一定的能力和良好的品格。生活中各式各樣的場合都有可能發生衝突，也隱藏著許多有趣又好玩的話題，需要我們去發掘、體會、感受並轉化成幽默表達出來；能在各種場合中適時發揮幽默效果的人，就是具有幽默感的人。

　　幽默的人，具有找出生活中有趣現象的敏感度，能運用機智巧妙且富含人情味的方式，來處理生活中遇到的各種問題；效果往往令人會心一笑，而不會引起反感。幽默也可以將枯燥乏味的道理，使用天真有趣的方式表達出來，所以幽默也可以說是一種獨特的藝術。

2

幽默的日常應用

❶ 幽默的認錯

我和小芳約好上午9點要去圖書館，眼看就快遲到了！

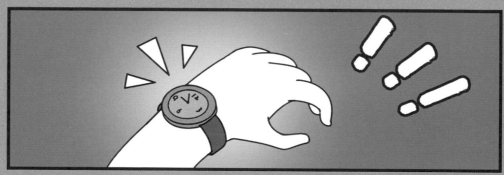

完蛋了！

只是道歉好像也沒什麼用。

我到底該怎麼辦？

我忽然想到一個好辦法。

對了！

氣喘吁吁！

不是約好9點嗎？
你怎麼現在才來？

呼……

呼……糟糕了，小
芳拜託妳幫幫忙！

啊？！

生活中還有很多事情可以運用幽默來應對，讓我們一起往下看吧！

5

● 單純想逗朋友笑 ●

　　在我們現在的成長階段，我們產生的幽默感，有時只是單純想逗朋友笑，並沒有想太多。那該怎麼做才能逗朋友笑呢？

　　如果想要逗一個人笑，我們要先對這個人有一定的認識。如果兩個人彼此很熟，可以不需要考慮太多；但如果彼此不太熟，至少也要了解對方的個性或興趣，這樣才能達到逗別人笑的目的。

可能會產生的心理阻力

覺得逗朋友笑好難，不知道該怎麼做。

不論朋友的個性如何或喜歡什麼，跟逗他笑應該沒關係吧？

我用盡方法想逗他笑，但是他都不笑，可能是他有問題吧。

心理分析和暗示

1 其實每個人都可以逗朋友笑，沒有那麼困難。

2 只要多了解他，一個表情或動作也許就能讓他笑了。

3 如果朋友因為心情不好而沒有笑，也是很正常的。

技 巧 練 習 及 總 結

1.事先做好準備

先了解朋友，再決定要怎麼
「搞笑」。

小結

先了解朋友的個性或興趣。例如知
道朋友是一個很怕搔癢的人，也許
只要做出準備對他搔癢的動作，他
就會忍不住笑了。

2.學會即興發揮

有時幽默需要突發奇想，即
興發揮往往可以得到意外的
效果。

小結

了解朋友後，再來學會即興發揮，
因為突發奇想的幽默，可以帶來很
好的效果。例如和朋友在一起，突
然覺得他的動作很搞笑時，我們就
可以模仿搞笑的動作給他看，通常
他也會覺得很好笑。

3.說些簡單的笑話

如果朋友笑點不高，說些簡
單的笑話就能逗他笑了。

小結

可以對朋友說一些簡單的笑話逗他
笑，如果朋友的笑點比較低，往往
會很有用。然而，即使是簡單的笑
話，我們也要先了解朋友的個性或
情況，才比較好判斷說出來的笑話
能不能逗朋友笑。

如果朋友沒有意會出我們的
幽默,也不用太在意!

小結
只是單純想逗朋友笑而已,所以不
用覺得壓力很大喔!即使朋友沒有
意會到我們的幽默也沒有關係,不
需要覺得自己挑戰失敗或因此失去
自信心。

和心理博士
聊聊天

　　幽默可分為三個類型:社交型、諷刺型和單純型。社交型幽默比較重視利益關係,諷刺型幽默常以社會事件為主角,單純型幽默則是重視歡樂、愉快的氣氛。

　　搞笑的言語或動作,屬於單純型幽默,具有放鬆心情、製造快樂的氣氛、消除疲勞等功效,大多使用在關係比較好的親人、朋友之間,以及許多非正式的場合。我們在使用單純型幽默時,仍應注意使用的時機與場合、對方的個性與興趣等,避免不小心玩笑開過頭而傷害到他人。

　　與其他類型相比,單純型幽默是我們生活中最常見的幽默方式,善加運用,可以為我們帶來更愉快的生活。

6
● 想讓朋友聽我說話 ●

　　想讓朋友聽自己說話時，使用一些幽默技巧可能會更容易成功。此時使用幽默的目的是吸引朋友的注意力，所以要選擇朋友有興趣的話題或事物來發揮幽默感。

　　例如朋友對足球比賽有興趣，就可以從「昨晚我看了一場很有趣的足球比賽……」話題開始。很有趣的比賽到底是什麼情況呢？先故意賣個關子，就很容易讓朋友想要繼續聽下去。

可能會產生的心理阻力

朋友是很有主見的人，別人說什麼他都不太想聽。

朋友好像在忙，但是我有話想要跟他說，還是直接跑去跟他說好了。

朋友愛聽不聽的感覺，我也不知道怎麼辦，還是不要勉強了。

心理分析和暗示

1 一定會有讓朋友覺得有興趣的事情。

2 動動腦思考一下，或許就可以找到讓朋友聽自己說話的方式了。

3 幽默不一定有用，但可以試試看，說不定就能吸引朋友的注意了。

技巧練習及總結

1.首先要吸引朋友的注意力

搭配誇張的動作，可以吸引朋友的注意。

小結

要如何吸引朋友的注意力？首先要找到朋友喜歡的話題，再運用幽默適時把話題帶出來。我們可以試著說話時搭配誇張的肢體動作，來吸引朋友的注意力。

2.讓朋友有興趣和我繼續談話

有個球員踢進兩球，敵隊球員只踢進一球，但踢進兩球的那一隊最後並沒有贏，你知道為什麼嗎？

踢進兩球的其中一球不算分吧。

哈！因為三個進球都不算分！

小結

當話題聊完結束了，朋友不一定會想繼續聽自己說話，所以接下來就是讓朋友仍有興趣繼續聊天。例如談論到足球比賽時，聊天內容和比賽結果讓朋友愈是猜不透，朋友的印象也會愈深刻，愈會想要繼續聊下去。

3.避免在朋友忙碌時展現幽默感

要選擇適合的場合與時機說話，才不會造成困擾！

小結

想讓朋友聽自己說話時，要選擇適合的場合與時機，避免在朋友忙碌時打斷朋友專注的事情。因為，此時展現幽默感，不易引起朋友的注意，也可能干擾朋友正在忙的事情。

在社交活動中，要如何運用幽默來獲得良好的溝通，吸引朋友的注意，讓朋友願意聽自己說話呢？

我們可以將一句普通的話，改用充滿情感或趣味的語言表達出來。這種方式除了可以讓氣氛更加輕鬆愉快，也能引起別人的注意力，有時還能讓聽的人忍不住笑出來，並對我們留下有趣好玩的印象。

接下來還可以運用「模仿形式的語言」，這是指運用已有的語言形式，套入新的內容而成為新的詞語。例如形容一個人無法正常讀書寫字時，就稱為「文盲」；自己的電腦能力不夠好，則可自嘲是個「電腦盲」，要請同學多多指導。與人交談時，適當運用模仿形式的語言，將單調、無趣的詞語變得更詼諧、更幽默，與對方的交談也能更良好、更有趣。

另外，我們也可使用「類比形式的語言」。這是指將兩種或兩種以上彼此無關的事物，放在一起對照比較。例如「媽媽嫌爸爸買的珍奶太甜，爸爸回說因為希望店員把珍奶做得像老婆一樣甜……」，珍奶的甜與老婆的甜雖然沒有關聯，但爸爸幽默的回應，成功化解了危機。

7

● 跟不熟的朋友聊天 ●

　　想多了解新朋友，但不知道如何開口跟對方聊天。面對熟悉的朋友，我很幽默也很會帶動氣氛，大家很快就能玩在一起；但面對新朋友時我卻不知所措，硬著頭皮說「我想跟你說話」好像也怪怪的。

　　和對方不是好朋友，感覺有點害羞時，適當應用幽默會有很大的幫助。但此時的「幽默」是為了消除陌生感，拉近彼此間的距離，所以不應使用太過突兀的幽默，以免反而嚇到對方。

可能會產生的心理阻力

跟新朋友不太熟，不知道該說什麼好。

這時刻意幽默的跟對方說話，感覺好像怪怪的。

如果向對方說幽默搞笑的話不被理會，就真的搞笑了。

因為跟朋友不熟，所以我的行為舉止要誇張一點，才能吸引他的注意。

心理分析和暗示

1 只要是適當的幽默，消除陌生感就不是問題。

2 不試試看，怎麼知道結果會如何呢？對方可能也想和我說話呢！

3 新朋友跟我們不熟，搞笑時不能太過突兀，以免把對方嚇跑喔！

技巧練習及總結

1.如何消除陌生感

聽說學校旁邊的超市有打折，怎樣才有優惠？

只要是屬猴的，都可以打折。

那我屬豬，算是二師兄耶，也可以打折吧？

小結

如何消除陌生感？這時需要發揮即興應變的能力，例如聽完對方說的話，我們可以找適當的話來接續和「閒聊」，像是用《西遊記》裡孫悟空跟豬八戒的關係來對應生肖，產生有趣的效果。

2.接續話題可以更快熟悉彼此

消除陌生感後，就不用只是「閒聊」，可以利用話題進一步互相了解。

小結

消除陌生感後，就能利用話題更快與對方熟悉。例如聽完我們說「二師兄」後，對方可能會笑，這時就可以將談話內容拉到互相了解的話題上。我們可以微笑著簡單彼此自我介紹一下。

3.如果對方反應比較冷淡

跟不熟的朋友聊天，即使對方反應冷淡也不需要灰心！

小結

不熟的朋友可能在聽完我們的「閒聊」後，反應會比較冷淡，也許是新朋友的防備心比較重，或是比較害羞。我們不需要因為對方反應冷淡，就覺得難堪，只要持續努力，往往都能跟新朋友愈來愈熟悉喔！

　　和不熟的人交朋友時，幽默往往能提供很大的幫助。和
新朋友初次見面，一般人通常比較重視第一印象，而不是
直接觀察對方的氣質、個性或態度等等，這種現象在心理
學上稱為「初始效應」。所以我們給別人的第一印象，會
讓別人對我們的看法造成很大的影響。

　　和不熟的朋友第一次見面時，適時發揮輕鬆愉快的幽默
感，可以加深別人對我們的第一印象，留下友善好親近的
感覺。而且大部分的人對別人的第一印象很難改變，所以
讓別人留下好的印象，對交新朋友來說幫助很大。

　　幽默能讓我們的言行舉止更受朋友歡迎，讓新朋友對我
們的印象更深刻、更美好，也更容易與新朋友持續交流，
彼此也會愈來愈熟。

8

● 希望交談時氣氛更歡樂 ●

　　有時候我們和朋友交談時，可能因為氣氛不好或談話的內容有問題，而讓人覺得很鬱悶、提不起精神；這時如果可以讓氣氛變得更好，也能更輕鬆愉快的聊天就好了。所以我們可能會開始想一些搞笑、幽默的方式，來改善遇到的窘境。

　　我們想讓談話的氣氛變得更好，是一種熱情又溫暖的心態，但搞笑、幽默的程度，需要依照交談的對象及內容來調整，通常輕輕點到就會有很好的效果。

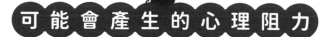

可能會產生的心理阻力

不知道該怎麼讓大家放輕鬆，怕自己沒處理好反而帶來反效果。

要讓大家都變得開心一點，不然實在太無聊了。

感覺好悶，我應該要讓氣氛活絡起來吧！

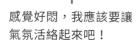

心理分析和暗示

1 可以適時活絡一下氣氛，但還是要看情況。

2 如果能讓氣氛好轉，讓大家放鬆心情，幽默一下是很有幫助的。

3 有些場合本來就比較嚴肅，此時就不能隨意炒熱氣氛。

4 幽默要使用在「對的人」和「對的場合」！

技 巧 練 習 及 總 結

······ 1.了解什麼是合適的幽默 ······

懂得運用合適的「搞笑」，
才能真正發揮效果。

小結

聊天的對象和場合不同時，可以用不同
的幽默來轉化氣氛。例如和大家聊天時
有人對足球沒興趣，我們還以足球做為
幽默話題的主角，就不太適合了。

······ 2.把握好幽默的程度 ······

不能讓幽默反過來變成聊天
的主角，以免大家忽略原本
談話的主要內容。

小結

幽默可以讓氣氛更輕鬆愉快，但不能反
而變成聊天的主要內容，讓互相交談的
人注意力無法集中，這樣反而會失去原
本聊天的意義。

······ 3.有些場合不需要炒熱氣氛 ······

炒熱氣氛要看場合，不能因
為好玩就隨意搞笑！

小結

有些場合比較嚴肅，不需要使用幽默來
活絡氣氛。我們要不斷提醒自己：不能
因為好玩就隨意搞笑，該嚴肅的場合還
是要保持嚴肅；例如升旗典禮、緊急嚴
重的事件說明等等，就不應任意搞笑。

　　交談時雙方都不知道可以說些什麼，是最尷尬的情況之一。有時無話可說，可能是因為對另一方說的內容沒有興趣，或是對方無法理解我們說話的內容，或是交談時缺乏溝通的技巧，也有可能是因為不小心踩到了對方的「地雷區」，造成對方不愉快而無法繼續交談；這時發揮幽默是最好的解決方法之一。

　　具有幽默感的人，通常不會讓自己與他人面臨尷尬的局面。適當的幽默能幫助我們打破僵局，擺脫尷尬的場面，重回愉快的交談氣氛，也能增進彼此間的感情。

　　想讓氣氛變得更輕鬆愉快，也有賴在場的人共同配合，才能成功活絡整體的氣氛。當交流出現冷場或尷尬的情況時，不能只想等待別人來化解尷尬的場面，試著主動尋找大家都有興趣的話題，就能更快回到愉快的氣氛。

9
● 用誇張的表情和動作搞笑 ●

　　一般來說，正常的表情和動作就可以表達幽默，但幽默的談話加上誇張的表情動作，往往會更加生動有趣，表達幽默的效果也會更好。

　　運用表情動作表達幽默時，要考量我們與朋友之間的熟悉程度。因為使用臉部表情或肢體動作表達幽默時，不太熟的朋友，可能無法一下就猜出我們想表達什麼，通常很要好的朋友才看得懂。

可能會產生的心理阻力

只運用表情和動作，很難表達出我的意思吧！

如果只用表情和動作，很容易讓人誤會，不如用說的。

我做快要哭出來的表情想逗朋友笑，但是他卻誤以為我心情不好，真傷腦筋。

心 理 分 析 和 暗 示

1 只用表情和動作表達幽默時，要看我們和對方之間夠不夠熟。

2 搞笑時用對表情和動作，很多問題都可以順利解決。

3 一個簡單的表情或動作，只要是好朋友就會懂了，這就是默契啊！

4 表達幽默時，搭配表情和動作會有很大的效果！

技巧練習及總結

1.運用臉部表情

通常是關係很要好的朋友，才會用表情逗對方笑。

小結

用表情展現幽默比用言語或動作還難，因為表情最容易被誤解。所以通常是很熟悉要好的朋友，才會用表情來搞笑。對於剛認識的朋友，如果用快樂或悲傷的表情來表達幽默時，很可能會造成對方的誤會。

2.肢體動作的表現

使用動作來展現幽默，可能會造成某些人的反感。

小結

用動作表現幽默的方式比較直接，也許我們覺得很有趣很幽默，但有些人可能會覺得反感而不喜歡。所以用動作展現幽默時，要了解對方的個性，以及他可以接受的程度。

3.要拿捏好分寸

不要讓表達幽默感變成冒犯的行為！

小結

表達幽默時，不論是使用言語、表情或動作，都一定要拿捏好分寸。過度的表達，容易被誤認為是不尊重對方，或甚至是冒犯對方，這是必須要小心的。

　　表現幽默的方法，不僅可以使用言語，還能運用其他方式來展現，這些方式就是非言語性的幽默，主要有使用漫畫來呈現幽默，或表演時靠動作、表情、打扮所展現出來的幽默。非言語性的幽默，可以說是一種視覺幽默，常運用有趣的造型、詼諧滑稽的行為，讓表演更富有喜劇效果，觀賞者能透過視覺，感受幽默帶來的樂趣。

　　雖然展現幽默的方式不盡相同，但目的都是一樣的，都希望能帶給對方愉快的感覺。非言語性的幽默，雖然使用上不像言語幽默那麼清楚明瞭，但只要我們能適當的運用，也能達到很好的幽默效果喔！

10
● 用有趣的話題讓大家笑 ●

　　我們常會運用自己覺得有趣的話題，來發揮幽默感，讓大家覺得有趣好笑。但如果說出來之後，並沒有讓大家覺得好玩或搞笑，可能就會陷入尷尬的局面。為了避免這種情況，我們要先了解「什麼才是有趣的話題」，以及「怎麼說才會讓大家覺得有趣」；如果能了解這兩個問題的答案，使用幽默時也會更容易成功。

可能會產生的心理阻力

如果我覺得很有趣，大家應該也會覺得有趣吧！

如果都沒人覺得有趣，那應該是他們不懂，不是我的問題。

如果大家喜歡我，不論我說什麼應該都會覺得有趣吧。

心理分析和暗示

1 不論話題多麼有趣，也要大家有興趣才行。

2 如何用有趣的方式說出來，其實也很重要。

3 沒人覺得有趣，可能是因為大家對這個話題沒興趣，或是我講得不夠吸引人。

技巧練習及總結

1.要大家覺得有趣才行

使用幽默主要是為了讓大家
開心，而不是只有讓自己開
心喔！

小結

我們常會以為，自己覺得有趣的話題，
大家也會覺得有趣，但卻不一定如此。
使用幽默是為了讓大家開心，所以選擇
話題很重要，我們也需要多了解朋友有
什麼興趣，才能找到適合的話題。

2.表達的方式很重要

用朋友們喜歡的方式，把話
題帶出來。

小結

「如何說出大家都有興趣的話題」也很
重要，如果沒有用適當的方式來表達，
也無法引起大家的共鳴，更不可能讓大
家覺得有趣搞笑了。所以要先想好該怎
麼表達，才能讓大家覺得開心。

3.保持樂觀的心態

幽默大師也不一定每次都能
讓大家哈哈大笑！

小結

我們不能強求每個人對於自己的話題，
都表現的很開心，幽默大師也沒有把握
一定可以把大家都逗得哈哈大笑。如果
能理解這一點，保持樂觀的心態，發揮
搞笑本領時也會更有幫助。

　　幽默的聊天，除了可以帶給我們許多樂趣，還可以讓我們放鬆心情，擺脫鬱悶的情緒。但如何運用聊天帶出幽默的氣氛，需要一些方法。

　　輕鬆愉快的聊天，通常沒有什麼目的，所以能夠天南地北的閒聊。但有時候閒聊不一定真的是「隨便聊」，具備幽默的口才可以達到幽默的效果，從閒聊中也能與對方逐漸培養感情而成為好朋友。能愉快聊天的人，通常很善於選擇話題，他們可以運用話題進行幽默的言語交流。如果想要讓對方感受到我們的幽默，除了平常多看一些大家會關心與感興趣的話題，還要多吸收一些輕鬆有趣、容易引人注意的資訊，也要多累積知識與提升自己的文化素養，如此一來，對我們運用幽默來交談具有很大的幫助，閒聊也可以聊得很有意義。

11

● 想安慰朋友 ●

　　遇到朋友心情不好的時候，我們會想要安慰他，希望他能走出悲傷的情緒。這時，主動靠近朋友，問他發生什麼事，是一般人常使用的方法。這個方法或許有效，但如果朋友不願意直接告訴我們，還是把難過的事悶在心裡時，我們可以在不讓朋友受到刺激的情況下，運用搞笑幽默的方式，想辦法讓朋友開心起來，或許朋友就能擺脫鬱悶，再次展開笑容。

可能會產生的心理阻力

不論用什麼方法，都
要讓朋友開心起來。

再怎麼搞笑幽默可能也
沒用，要靠朋友自己恢
復吧。

還是不要管好了，萬
一不小心讓朋友再受
到刺激就不好了。

心理分析和暗示

1 試著幫朋友一把吧！盡量讓他開心一點。

2 看情況擬定與執行搞笑計畫，如果朋友很不開心，也
不能著急。

3 不論如何運用幽默，也要小心注意不能讓朋友再受到
刺激。

技巧練習及總結

1.錯誤的做法

因為太心急而沒有考慮朋友的感受，很容易弄巧成拙。

小結

我們常會急著想趕快逗朋友開心，希望朋友馬上就能從鬱悶的情緒中走出來，而不小心用錯了方法；或是沒考慮到朋友的情況，只想著用自己覺得可以的方式去做，例如過度的搞笑或幽默。

2.臨機應變，並以朋友的情況為主

即使做好了準備，也要能看情況臨機應變。

小結

想讓朋友變得開心，就要以朋友的實際情況來調整做法。也許實際在面對朋友時，之前想好的方法都沒有用，但他或許在跟我們閒聊過後就釋懷了。總之，要能看情況臨機應變。

3.別讓朋友再受到刺激

要避免提起朋友不想談論的話題！

小結

使用幽默時不能以「朋友不想談論的話題」為主題，以免朋友再次受到刺激。因為我們的目的，就是希望能讓朋友的心情變好。

4. 不要期望馬上看見效果

即使無法馬上讓朋友開心，
也要以平常心看待。

小結
一個人心情很不好的時候，會需要
一段時間才能恢復。所以即使我們
運用幽默想要讓朋友開心，但可能
當下效果不如預期來的好，這時也
不要太過灰心。

和心理博士
聊聊天

　　生活中有許多困難，每個人面對的困難也不一樣，內心
承受各種不同的壓力時，多少都會有心情不好的時候；此
時有可能會持續幾天感覺比較鬱悶，但狀況嚴重時甚至會
對許多事物都失去興趣。

　　有趣的思考方式能產生幽默的心態，讓我們放鬆心情、
釋放壓力。幽默的心態，既能轉移注意力，還能讓我們用
更客觀的角度看待困難，避免把問題看得太嚴重，因而減
輕壓力。幽默的心態，也能讓我們發現原本沒有興趣的事
物中，也有趣味的一面。能了解這一點，就能調整心態，
壓力也會減輕不少。

12

● 演講後無人提問 ●

　　下週要代表班上參加學校的公開演講，演講完後有安排提問時間，很擔心到時沒有人提問，場面冷掉該怎麼辦？我又該如何處理和應對？這些情況要先想好應對方式，免得到時氣氛尷尬。

　　演講之後沒有人提問，也是有可能的，這跟我們是否講得精采有點關係。面對這種情況，即時調整心態很重要；另外，我們也可以運用一些幽默的方法，來化解冷場的尷尬局面。

可能會產生的心理阻力

萬一冷場就尷尬了，我沒辦法應付這種情況！

一定是我講得不夠好才沒人提問，到時該怎麼辦？

如果繼續耍幽默，可能會更加令人反感吧。

心理分析和暗示

1 沒人提問也很正常，不需要因此情緒受到影響。

2 雖然到時場面會有點冷，但用對方法就可以減少尷尬的氣氛了。

3 不要擔心太多，樂觀幽默一點吧！

4 預先做好沒人提問的心理準備，就不用過度擔心了。

技巧練習及總結

1.錯誤的做法

切勿問大家:「都沒有問題嗎?是我講得不夠好?」

小結

讓場面更尷尬的做法,就是反過來問聽眾怎麼都不提問,甚至說一些讓在場聽眾感覺不舒服的話。這種錯誤的行為,很容易讓聽眾覺得講者搞不清楚狀況。

2.即時調整心態

保持鎮定的情緒很重要!

小結

遇到沒人提問的情況時,當下多少會感覺不太舒服。此時不論是用幽默的方式來應對,還是用其他方法來化解,我們都要保持鎮定的情緒,冷靜面對。

3.運用幽默替自己解圍

沒人提問的話,就先感謝各位口下留情了,再次謝謝大家的聆聽!

小結

使用略帶自嘲、詼諧的方式回應,既不會太失禮,還可以替自己解圍,也不用再煩惱為什麼大家都不提問,最後可能因此讓大家留下好印象。

有人有問題嗎？沒有的話，晚點還會有提問的時間。

4. 聰明的做法

小結

有時演講結束後大家沒有提問，也可能是有急事需要先離開，所以我們也可以在演講過程中先問大家有沒有問題。

和心理博士聊聊天

　　當演講內容具有鼓勵、說服、抒情或表演等性質時，演講者可以適時運用幽默的技巧來表達；在輕鬆愉快的氣氛中，演講可以變得更精采，演講者也能獲得聽眾的好感與認同。但有時演講也會發生一些意外情況，例如聽眾很少、有人提出刁鑽的問題或者不認同演講者的觀點、演講結束後沒人提問等等。此時如果不知所措，甚至對聽眾動怒，整場演講就可能讓大家留下不好的印象。

　　試著將意外視為一種挑戰吧！優秀的演講者能以幽默的方式，沉穩又機智的應對各種意外情況；如果懂得運用幽默技巧，我們也能在演講中即時扭轉局勢，讓自己與聽眾的關係變得更好，演講也會變得更有趣。

13

● 幽默的認錯 ●

　　跟爸媽或是朋友相處的過程中，我們難免有犯錯的時候，能主動認錯是很重要的；但認錯時心裡可能會有點想退縮，因為認錯就是承認自己做錯了，感覺是一件丟臉的事。不太想認錯，其實是沒有找到一種能讓自己接受的方式。這時，幽默的認錯，可能是一種比較好的選擇，除了可以幫助我們主動認錯外，還能讓自己不會太過難堪。

可 能 會 產 生 的 心 理 阻 力

我不要認錯，即使真的做錯了也不要承認。

要幽默一點才能讓自己認錯時不會太難堪？

既然最後還是得認錯，那就不需要表現什麼幽默了。

心 理 分 析 和 暗 示

1 不想認錯是可以理解的，但拒絕認錯就不應該了。

2 認錯不是什麼嚴重的事，如果用幽默的方式認錯也很好啊！

3 不論表現得多幽默，誠懇認錯的態度是最基本的。

技巧練習及總結

1.不能讓認錯變成狡辯

幽默的認錯，很容易變成油
嘴滑舌的狡辯。

小結

我們很容易把幽默的認錯，變成油嘴滑
舌的狡辯；幽默認錯與狡辯的心態完全
不同，但表達的方式有時候很像，所以
很容易就會變成狡辯而逃避認錯。

2.態度要誠懇

先主動認錯，再運用幽默！

小結

認錯就是承認自己的錯誤，運用幽默只
是讓認錯的氣氛不要太僵，所以應先主
動認錯，再運用幽默的方式減輕認錯時
丟臉的感覺，但一定要有誠懇的態度。

3.用幽默替自己解圍

看到你生氣，我就會很開心
喔。如果你不希望我繼續開
心下去，那就別生氣囉！

小結

犯錯時向對方道歉的話，可以加點搞笑
不正經的感覺，但最後還是要以「請求
原諒」、「希望對方別再生氣」的目的為
主，這樣才更容易得到對方的諒解。

　　生活中，我們有時可能會遇到與其他人發生衝突或誤會等狀況，與對方的關係還有可能因此而「凍結」起來，如果沒有處理好，情況就會愈來愈糟。這時我們可以運用幽默的溝通方式，與對方「破冰」和好，並擺脫不愉快的窘境。

　　如果是自己做錯事，可以先客觀的面對自己的過錯，然後運用幽默的交談方式來減輕自己難堪的情況。也可以在對方還沒指責自己的過錯前，先主動以詼諧幽默的言語承認錯誤，讓對方可以更快釋懷，不再生氣。

　　幽默是我們心靈溝通的橋梁，友善、真誠的幽默，可以加強我們與朋友之間的友情，化解不愉快的氣氛，拉近彼此間的距離。

14

● 用幽默化解尷尬 ●

　　日常生活中，我們很常使用幽默來化解尷尬的場面。如果處理得當，往往可以加深我們與朋友之間的友誼；但如果沒有處理好，可能只會讓彼此覺得更尷尬。面對這種情況，有時可以簡單處理，但有時情況也會變得很複雜。不論是遇到哪種困境，想用幽默的方式化解時，都必須注意：不能太執著於誰對誰錯。

可能會產生的心理阻力

已經覺得很尷尬，應該無法化解了。

尷尬的場面讓人不知道該怎麼辦才好，這時還要急中生智，實在太難了。

平常覺得自己很幽默，但是遇到尷尬的場面就幽默不起來了。

心理分析和暗示

1 幽默是化解尷尬最好的方式之一。

2 生活中難免會有尷尬的時候，只要懂得如何化解，其實不是什麼大問題。

3 如果只在乎誰對誰錯，就很難化解尷尬。

4 保持積極樂觀的態度，更容易成功化解尷尬。

技巧練習及總結

1.化被動爲主動

不要讓場面繼續尷尬下去！

小結

有時會碰到尷尬的情況，這時我們要打破沉默，化被動為主動，想辦法化解這種尷尬的局面，而不是任由情況惡化，最終變成無法挽回的局面。

2.不要在乎誰對誰錯

成功化解尷尬，是一種雙贏的結果。

小結

尷尬的情況發生時，通常會有一方是對的、一方是錯的；但如果想要成功化解尷尬，討論對錯是沒有任何幫助的。不要過於執著對錯，反而能讓我們的思考更活躍，更能發揮幽默的能力。

3.詼諧的自嘲

早就知道我不可能得獎，所以上臺就是為了要確認這件事。

小結

自嘲是化解尷尬最好的方法之一。例如跟班上另一位同學都姓方，頒獎典禮上老師宣布：「請方同學上臺領獎」時，以為是自己而迫不及待上臺，結果卻搞錯對象；這時可以說些自嘲的話化解尷尬，再請另一位方同學上臺領獎。

和心理博士
聊聊天

　　我們在生活中會接觸各種不同的人，遇到各種意想不到的尷尬場面。如果是缺乏幽默感的人，很可能會把氣氛搞得愈來愈僵；如果具備一定的幽默感，可能就有辦法適時的表明自己的看法，並運用幽默婉轉的談話，或使用幽默的舉動，來化解尷尬的情況。幽默可以說是改善人際關係最實用的方法之一。

　　另外造成尷尬的原因不同時，應對的方式也不一樣。例如突然面對他人嚴厲的指責，或別人不經意的冒犯到我們，而產生尷尬的氣氛時，就可以藉由自嘲的方式來脫離窘境，並消除誤會，減少衝突。例如需要拒絕別人或是幫助他人脫離困境時，就當做自己沒有什麼尷尬的感覺；讓對方認為自己不覺得尷尬時，可以讓對方輕鬆釋懷，也會讓我們的人緣變得更好。

3

幽默的談話技巧

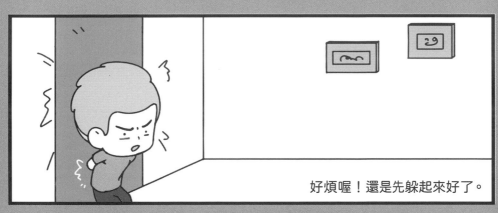

所以只要大家一問我，我就忍不住又繼續想，大家好殘忍啊！

大家聽我說完都哈哈大笑了。如果又遇到不想回答的問題，就用幽默的說法應付過去吧。

與人交談時，你可能會遇到更多不同的情況，這時該怎麼幽默的回應呢？讓我們繼續往下看吧！

15
● 被問成績時 ●

　　週末要跟爸媽去拜訪親戚，每次去前都要想好被問「在學校成績好不好」時，我應該怎麼回答。長輩們好像只對我的成績有興趣，但我不喜歡跟他們聊這個話題，又不能表現得太明顯，這時應該怎麼應對比較好呢？

　　被親戚或朋友問成績是常有的事，如果不喜歡聊這個問題，也可以用幽默一點的方式來回應，除了能應付這個話題，還能繼續保持愉快的聊天氣氛。

可能會產生的心理阻力

總是被問成績如何，覺得很煩，不想討論這個話題。

乾脆直接跟他們說我不想討論，以免之後見面他們還繼續問。

成績好就會誇獎一下，成績不好就會被唸個幾句。好像沒別的話題可以聊了。

心理分析和暗示

1 被親戚朋友問成績如何，代表他們關心你，這是很好的事。

2 雖然被問到不想回答的問題，但我們還是可以試著用幽默的方式回答。

3 成績好很容易直接回答，成績不好也可以換一種方式回答，重點是要保持幽默與耐心。

技巧練習及總結

1.不想討論這個話題時

考試考得如何啊？

我有時候考得很好，但有時候也會失常。可能要問一下老師，看老師覺得我的實力在哪才比較準。

小結

雖然不想談論這個話題，又不能表現得太明顯，所以最好還是保持耐心與親戚朋友交談。此時我們可以使用一點「拐彎抹角」的方式回答，既可以結束這個話題，又能據實回答目前的情況。

2.成績很好時，要表現謙虛

考試考得如何啊？

還是一樣沒什麼進步，一直是前三名。

小結

用幽默的方式回答時，可以先表現謙虛一點，再張揚。這樣的回答製造了幽默氣氛，也不會過度炫耀自己的實力，同時讓親戚朋友知道自己其實成績很好。

3.成績不太好時

考試考得如何啊？

狀況穩定時就考得好，狀況不穩定時就考得不好。

小結

這也是一種「拐彎抹角」的回答方式，沒有回答到底是考得好還是不好。聽到這種答案，親戚朋友可能也會覺得不好意思繼續問下去，也許就會換其他話題來聊了。

　　每次成績出來後，若是考不好，就會煩惱該怎麼向爸媽說明。這時可先好好評估一下狀況，並試著運用「迂迴、婉轉」的方式來應對。這是一種避開問題重點、改從容易的地方著手的應對方式；也就是不直接說明，而是刻意曲折原本應該表達的意思，運用委婉的說法，呈現幽默的效果。用這種方式面對不易解決的問題時，可以避開或繞過困難的部分。

　　據說法國畫家霍勒斯・韋爾內某天上午在湖邊作畫時，有一位年輕女孩批評了他的作品。第二天他在回巴黎的船上，又遇到了這位女孩；女孩問他：「先生，我一看就知道你是個法國人，聽說大畫家霍勒斯・韋爾內也在這艘船上，你能介紹我跟他認識一下嗎？」這時如果讓這位女孩發現，昨天自己批評的人就是她想認識的畫家，場面多少會有些尷尬，所以霍勒斯並沒有直接介紹自己，而是改用另一種說法：「親愛的小姐，昨天上午妳已經和他見過面了，並且還給了他許多對畫作的批評與指導呢！」這就是一種婉轉的表達。

16
● 被點名發表意見時 ●

　　突然被點名，完全沒有心理準備，這擺明是要在大家面前出糗了啊！這時不知道該如何拒絕的話，就要硬著頭皮說些話了。如果這種「有點倒楣的事」剛好發生在自己身上時，該怎麼處理呢？

　　這的確是一個比較難應對的問題，但如果我們有幽默搞笑或詼諧自嘲的能力，不論是委婉拒絕還是願意發表意見，都可以為自己爭取一點「印象分數」。

可能會產生的心理阻力

明知道我沒準備，還點名我來發言，是想看我出糗嗎？

如果我堅持不發言的話，也不能強迫我上臺吧！

突然遇到這種事情，真不知道該怎麼辦。

這種情況太突然了，沒有時間去想該怎麼幽默應對。

心理分析和暗示

1 不要認為別人想看我們出糗，會遇到這種事情其實是很正常的。

2 平常要多提升自己的幽默能力，以便隨時應對這種突然被點名發言的狀況。

3 只要自己先冷靜下來，好好面對突發狀況，往往就能順利解決問題。

技巧練習及總結

1. 深呼吸，自我調整

深呼吸，讓心情先平靜下來！

小結

經常上臺發言的人可能覺得還好，但如果是不常上臺發言的人，就需要先深呼吸讓自己冷靜下來，並做好心理建設。

2. 婉拒的第一種方法

謝謝你給我發言的機會，但是我還沒清楚了解整體的情況。先等我好好學習後再發言比較好，謝謝！

小結

這種委婉的拒絕方式，比較謙虛和帶點自嘲的意味，答案也能給人實事求是的感覺。而且自己能適時的避開發言，也不會讓點名自己的人和在場的聽眾覺得尷尬。

3. 婉拒的第二種方法

謝謝你給我發言的機會，但是我還沒做好準備。俗話說機會是留給有準備的人，所以請準備好的同學上臺發言吧！謝謝！

小結

這種婉拒的方式更簡單，使用「機會是留給有準備的人」來為自己擺脫窘境，而且這個說法非常合理，不會讓人覺得自己太謙虛或太囂張。

和心理博士聊聊天

　　遇到讓自己覺得尷尬的問題時，如果只用「我不知道」或「沒什麼好說的」來回答，可能就會陷入尷尬的窘境。此時可以運用「顧左右而言他」的幽默方式，在面對尷尬時讓情況出現轉機。這是指對身旁的人說別的事，而刻意避開原本討論的話題。這種方法往往能為自己找到臺階下，同時也能讓現場氣氛不會過於難堪。

　　這種幽默方式，主要包括「直接轉移」和「間接轉移」兩種。直接轉移就是假裝沒聽見問題，並盡快將話題轉到其他地方，所以能馬上化解尷尬。例如姊姊因為春節假期大吃大喝，結果變胖不少，只好買新的褲子穿，爸爸問姊姊是不是發福了，姊姊卻一本正經的說起「我的褲子都變瘦了，所以必須買新的」；這樣的回答不僅幽默，也避開了自己不想談論的變胖危機。間接轉移則是把對方的問題轉到不同角度上，看似回答了問題，但其實答案與問題無關。例如老師問學生：「哥哥有 5 顆糖果，你偷拿走 3 顆，結果會怎樣？」學生回答：「哥哥會把我揍一頓。」學生的回答不是老師想聽的答案，但學生巧妙避開萬一答錯的尷尬，又讓我們覺得很好笑。

17

● 別人生氣並責怪我時 ●

　　今天體育課打籃球時，我不小心把同學撞倒了。他很生氣的站起來責怪我：「你到底在看哪裡！」我聽到後也有點生氣，還好有控制住情緒沒有吵起來。我也不是故意的，他自己也沒注意看才被我撞倒，大家都有責任吧？

　　能控制好自己的情緒是值得稱讚的事。雖然大家都很生氣，但如果發生衝突，結果只會更糟糕。最好的做法是不要相互刺激對方，覺得大家都有責任時，也可以使用更幽默、更溫和的方式去應對。

可能會產生的心理阻力

1.
又不是只有他一個人會生氣，我也是會生氣的啊！

▶

2.
這件事並不全是我的錯，只責怪我當然會覺得不服氣。

▶

3.
用幽默的方式去面對會隨便生氣的人？也太難了吧！

心理分析和暗示

1 同學突然被撞倒，會生氣也很正常。

2 為避免和對方又發生衝突，我們可以主動幽默一點，讓彼此不要這麼生氣！

3 面對別人生氣責怪時，表現幽默一點，通常可以化解不好的情緒。

技巧練習及總結

1.不要再激怒對方

先冷靜，避免再次激怒對方。

小結

最糟糕的做法就是我們也跟著生氣，所以互相激怒對方，而導致更嚴重的衝突發生。雙方都很生氣時，如果等不到對方氣消，我們不妨先讓自己的情緒平靜下來。

2.給合理的解釋

對不起啊！但一直小心翼翼的也很難打球吧！

小結

先放低姿態主動道歉，再接著提出「一直小心翼翼的很難打球」這個觀點，說明這是可能發生的正常衝撞，如果害怕的話很難好好打球。這種回答方式很合理，可以給對方有力的答覆。

3.用幽默解圍

對不起啊！我已經很小心了，要不然你可能現在都還站不起來！

小結

這是另一種回答方式，只是回答得比前一種方式還要更誇張。或許對方會因為我們的幽默感而覺得好笑。

　　被別人責怪，難免會覺得生氣和難過；被當眾指責，還會覺得更難堪。我們難免會犯錯或傷害別人，引起他人不滿而被責怪；當然也有另一種情況：雖然沒做錯，但對我們有誤會、偏見的人，卻當眾指責我們，想讓我們難堪。

　　不論是善意還是惡意的指責，我們都可以運用幽默的言語來保護自己。面對別人的當眾指責或惡意嘲笑時，我們可以將詞語或情況所代表的意思，轉換成另一種意思來說明，這就是「移花接木」的幽默方式。

　　例如春秋末年，齊國上大夫晏嬰拜訪楚國時，楚人見他身材矮小，就故意打開大門旁的小門讓晏嬰進去。晏嬰回覆楚人：「到狗國出差才要走狗門，我來到楚國，不應該走狗門吧。」楚人聽完後，只好讓晏嬰從大門進入。晏嬰巧妙的將小門解釋成狗門，化解了難堪的局面。

18
● 被爸媽催促時 ●

　　在家裡爸媽常會催促我去做這做那。包括起床、刷牙洗臉、吃早餐、上學，有時連洗澡、穿衣服也會被催。在他們眼裡，我好像做事情都一直拖拖拉拉，其實我現在已經改善很多了，但他們還是習慣不斷的催促我。我該直接跟他們溝通嗎？

　　被催促而覺得不開心是可以理解的。我們在爸媽的眼裡，永遠都像是還沒長大的孩子，所以面對這個問題，我們要學會控制自己的情緒，用幽默的方式來回應。

可能會產生的心理阻力

老是被爸媽催，個性也變得愈來愈急躁了。

爸媽的態度非常強硬，使用幽默對他們來說應該沒有用。

我現在不會拖拖拉拉了，但爸媽還是不斷催促我，難道非得要跟他們吵一次才行嗎？

心理分析和暗示

1 在爸媽眼裡，我們永遠都是還沒長大的孩子，所以還可以繼續用幽默跟他們撒嬌呢！

2 爸媽不是蠻橫不講理的人，如果用合適的方式讓他們了解，他們就不會一直催促了。

3 要相信爸媽一定能夠理解自己的想法，也要對自己使用的幽默有信心。

技巧練習及總結

1.錯誤的做法

趕快起床，沒時間了。

距離出門的時間不是還有15分鐘嗎？

你這樣拖拖拉拉，15分鐘也不夠用。

唉唷！我有時間觀念啦，你們不要一直催我好不好？

小結

忍不住對爸媽發脾氣是不對的，這樣不只會傷害他們，還會破壞我們與爸媽之間的感情。面對這種狀況時，控制好自己的脾氣是最重要的。

2.用幽默解圍的第一種方法

你這樣拖拖拉拉，15分鐘也不夠用。

也對，現在時間也不夠了，那我乾脆多睡一會好了。

小結

這種回應帶有點賭氣的意味，可能說完的當下也起床了。但這種「讓自己賭氣一下」的回應，至少可以先控制住火氣，以免和爸媽發生爭執。

現在先去洗澡吧，拖拖拉拉不知道要到什麼時候。

等你們不再催我的時候囉。我在想，要是以後沒有你們的催促，我就不洗澡，該怎麼辦呢？

小結

這種回應帶了點自嘲的意味，同時又指出爸媽「不斷催促自己」的毛病。可以替自己解圍，也能讓爸媽反思一下自己的做法是否恰當。

和心理博士聊聊天

　　幽默能讓人際關係變得更好。想表達內心的不滿時，適當使用幽默的言語，別人聽起來感覺會好很多；尤其是想讓別人肯定我們的想法時，幽默能使談話氣氛更加和諧。所以溫和的幽默言語，是達成目的最好的工具。

　　跟他人發生衝突時，在情況惡化前要試著主動表達幽默，擺脫難堪的窘境。另外為了避免不必要的困擾，面對別人要求我們做一些不合理或不想做的事情時，要勇敢拒絕。如果不想傷害對方的自尊心，可以笑著向對方說「不」。和善有禮貌的態度，會讓對方更好接受。

19
● 爸媽不斷嘮叨時 ●

　　我總覺得爸媽很嘮叨，不是一直唸我應該要趕快寫功課，就是一直叫我要早點去吃飯或趕快睡覺，聽久了我也會覺得很煩躁，脾氣愈來愈差，但是對他們發脾氣也解決不了問題吧。我應該怎麼辦呢？

　　我們要理解，爸媽對我們不停的嘮叨或囉嗦，是因為關心我們。對父母發脾氣是不對的，此時應該用幽默的方式來面對。如此一來，我們可以排解自己的情緒，也可能讓爸媽不再過度嘮叨。

可能會產生的心理阻力

爸媽老是囉囉嗦嗦的唸個不停，很受不了。

我到底該怎麼辦！難道要跟爸媽吵架嗎？

真的快煩死了，這個時候沒辦法幽默起來吧。

心 理 分 析 和 暗 示

1 有時會覺得煩躁是很正常的，但不應該發脾氣。

2 面對爸媽不斷的嘮叨時，我們可以使用幽默的方式來應對。

3 適當的使用幽默，讓爸媽對自己刮目相看。

技 巧 練 習 及 總 結

1.用幽默解圍的第一種方法

你真的吃飽了嗎？怎麼吃這麼少，再多吃一點吧。

我真的吃飽了啦。吃太多變胖你們又會叫我去運動，我才沒那麼傻呢！

小結

回話的時候，假裝帶一點生氣的感覺，表情也可以稍微認真一點，並表現出爸媽的要求其實沒必要的意思，但不可以真的生氣。邊說還可以邊摸自己的肚子，表示已經吃得很飽了。

2.用幽默解圍的第二種方法

預習功課跟作業都做完了嗎？做完早點去睡覺吧。

機器人也需要充電，讓我充電放鬆一下吧！

小結

回話的時候，語氣及語調可以俏皮一點，或故意模仿機器人的聲音，讓對話氣氛變得更輕鬆一點，而不是使用對爸媽感到不耐煩的語氣。

只有控制好自己的情緒，才能發揮機智和幽默！

小結

不論爸媽怎麼對我們嘮叨，我們都應該控制好自己的情緒，如果回應爸媽時表現得很煩躁，就容易把幽默轉變成對爸媽的嘲諷，這是絕對要避免的。

 和心理博士聊聊天

　　每個人對同一件事可能會產生各種不同的見解，所以當大家在一起討論事情時，可能有意見分歧的時候，或發生一些讓我們感到不愉快的事，心情也會跟著煩躁起來。這時不應衝動與他人爭吵，而是要以和平的方式來解決紛爭。

　　遇到困難的問題，如果能用詼諧幽默的方式回答，往往能脫離窘境，順利解決問題。幽默最大的好處，就是能讓對方由生氣轉為開心，由批評轉為認同，讓難堪的局面轉變為和諧的氣氛。

　　而運用「大事化小」的方式，將衝突或影響降到最低的

程度，也能幫助我們擺脫不愉快的窘境。我們可以使用幽默讓煩躁的情緒降低，掃除不愉快的心情，例如蘇格拉底的故事。

　　蘇格拉底的妻子個性比較衝動，時常會對他發脾氣，當蘇格拉底被別人說成是個怕老婆的人時，他就會自嘲說：「我老婆有很多好處，她可以磨練我的耐性，提升我的修養。」蘇格拉底用一句幽默的話，將大事化小、小事化無，所以一直都能保持良好的精神狀態。

20
● 被別人拒絕時 ●

　　我邀請小芳這週末到家裡玩，但是被拒絕了，她說她週末有事。我被拒絕時覺得有點尷尬和難堪，卻不好意思表現出來，最後只對她回了「喔」而已。但我事後覺得自己這樣的表現有點不太好，該怎麼應對這種情況呢？

　　只回應「喔」，代表我們已經向小芳表現出不太開心的情緒。其實我們可以用幽默一點的方式好好回應對方，並化解對方拒絕時尷尬的場面。當然，無論回應什麼，我們都要保持應有的風度。

可能會產生的心理阻力

我竟然被拒絕了，對方太不給面子了！

覺得很丟臉，只想趕快離開現場。

被別人拒絕讓我覺得很難堪，也不想給對方好臉色看。

心理分析和暗示

1 別人因為有事而拒絕是很正常的，下次再邀請就好。

2 覺得不開心是可以理解的，但我們絕對不可以對別人發脾氣。

3 雖然這時有點難堪，但還是可以運用幽默來化解！

技 巧 練 習 及 總 結

1.用幽默解圍的第一種方法

週末要不要來我家玩啊？

我這週末有事沒空耶。

好吧，可能只有邀妳去月球才會有空了。

小結

「邀你去月球」間接表達了我們認為對方很難約，不知道要等多久才能邀請成功的意思。這種回答除了能表明我們的想法，同時也表示能夠理解小芳「事情很多」。

2.用幽默解圍的第二種方法

週末要不要來我家玩啊？

下次好了，這次我有事。

上次妳也是有事沒來，下次要到什麼時候呢？（笑）

小結

連同上次，這次是第二次被拒絕。面對這種情況，我們可以回答得有點認真，又有點開玩笑的感覺，這也會讓對方覺得好像一直拒絕我們，有點不太好意思。

雖然感到不開心，但我們也不能表現得很生氣。

小結

會生氣是因為自我控制能力還不夠好。用幽默回應對方時，也可以表達一點不滿。但要常保心胸開闊，因為被拒絕一兩次是正常的，也許別人真的有事。如果對方願意，以後還有很多機會；如果不願意，再多的邀請也沒用喔！

 和心理博士聊聊天

　　我們在邀請別人時，總是希望對方能答應邀約，但有時難免事與願違。被別人拒絕時，不同的人會有不同的應對方式。有的人會不滿的抱怨對方「有什麼了不起」，一句氣話反而讓對方也跟著生氣，搞得雙方不歡而散；甚至有的人會過於憤怒而表現出想要打人的樣子。

　　另外，有些人雖然覺得不高興，但卻能冷靜下來並保持自己的風度，善用幽默的語氣來化解難堪的氣氛。這樣的處理方式比較能讓人接受，也可讓雙方都冷靜下來。如果被拒絕就惡言相向，事情會陷入無法挽回的餘地；和氣的

回應對方，日後還可能會有轉機出現。一次拒絕並不代表以後每次都會被拒絕，有可能在未來出現不同的結果。

被拒絕時，要保持風度，但要注意，並不是面對所有的拒絕都應和平以對。當受到對方惡意拒絕的時候，就需要透過幽默的口才和智慧來扭轉不合理的情勢了。

不要讓場面繼續尷尬下去。

4

提升幽默力

自嘲能顯現出自己是謙虛的人，讓朋友接納自己。

自嘲能化解尷尬，緩和緊張的氣氛。

聽完爸爸的解釋後，我才知道原來自嘲這麼有用！

如果我們懂得自嘲，就可以自娛也娛人。

你還可以使用哪些方法提升自己的幽默力呢？讓我們再接著往下看吧！

21
● 常跟幽默的人相處 ●

「耳濡目染」就是指常常接觸某件事物，而逐漸受到影響。要培養幽默感，也可以用一樣的方法。如果我們常跟幽默的人相處，也能提升自己的幽默力。另外，因為「搞笑」的同學能帶給我們很多歡樂，所以我們自然而然就會想跟這些同學們玩在一起，漸漸的也會從中學到一些幽默搞笑的方式，再把歡樂帶給自己身邊的朋友。如果想培養自己的幽默感，常跟幽默的人相處是一種很好的辦法。

可能會產生的心理阻力

也許自己不夠幽默，身邊大部分的朋友也不太幽默。

班上有很多會搞笑的同學，但我卻不會，可能是個性比較悶吧！

模仿別人的搞笑，就像是抄襲別人，不太好吧？

他們都可以把別人逗開心，我想我應該不行吧。

心理分析和暗示

1 多跟幽默的人相處，自己也會變得愈來愈幽默的。

2 想要培養幽默感，可以多觀察幽默的人如何搞笑。

3 我也可以像幽默的人一樣，變得很會搞笑！

4 學習幽默朋友的樂觀精神，把歡樂帶給身邊的人。

技巧練習及總結

1. 幽默是可以傳染的

多跟幽默的人相處，自己也
會變得更幽默。

小結

幽默就像快樂一樣可以相互傳染。多跟
樂觀的人相處會比較樂觀，多跟幽默的
人相處，也可以提升我們的幽默力。

2. 多跟幽默的人交朋友

搞笑的同學常常帶給大家歡
樂，所以很容易交到朋友。

小結

喜歡搞笑的同學通常比較開朗外向，很
容易相處。所以跟幽默搞笑的同學交朋
友，並非很難的事情，多跟幽默的人交
朋友，可以幫助我們提升幽默感。

3. 多向幽默的人學習

主動向幽默的人學習，能更
快提升幽默力！

小結

樂觀的態度與幽默感，除了耳濡目染，
還可以自己主動學習。我們平常可以多
留心觀察幽默的人，了解他們如何運用
幽默，進而提升自己的幽默力。

真誠、有自信的人，才能為
大家帶來歡樂！

小結
要提升幽默力，敞開心房、做一個
真誠和有自信的人很重要，因為這
樣才能充分發揮幽默感，帶給別人
快樂。

和心理博士
聊聊天

　　幽默感需要靠時間培養和經驗累積，或是透過學習來提
升；運用「多觀察、多記錄、多演練」的方式，可以幫助
我們提升幽默力。多用心體會和練習不同的幽默方式，包
括聽別人說笑話、看漫畫、讀名人軼事、趣味小故事等，
再試著靠自己以幽默的方式表達出來。我們還可以多與幽
默的人相處，學習他們的幽默方式。俗話說「近朱者赤，
近墨者黑」，常與幽默的人交流，就會漸漸受到他們的影
響，變得愈來愈風趣。培養幽默感的同時，也會訓練到社
交技巧並交到更多不同的朋友。

　　當我們努力培養自己的幽默感時，幽默感就會自然而然
成為我們的人格特質之一了。

22
● 懂得看情況說話 ●

　　我們不但要學會使用幽默能力，還要了解什麼時候可以搞笑、什麼時候不可以搞笑，以及在什麼情況下使用什麼樣的搞笑方式等等，以免弄巧成拙。學會觀察情況是很重要的，也就是說，我們要視情況來決定該說些什麼或該做哪些行為，以免太過魯莽或太急於表現。只有先清楚了解實際的場合與對象，才能讓幽默發揮最大的功效。

可能會產生的心理阻力

不要管那麼多了，我要成為話題的主角。

不了解情況也沒關係，反正幽默一定能發揮作用。

交談前我就想好該怎麼搞笑了，真想趕快發揮出來讓大家開心！

趁一開始先趕快把搞笑本領搬出來，以免聊天過程中派不上用場。

心 理 分 析 和 暗 示

1 先冷靜，了解目前的情況如何，再決定要不要搞笑。

2 現場可能有人不喜歡搞笑。

3 還不了解實際的情況就先開始搞笑，可能會嚇到在場的人。

技巧練習及總結

1.不能急於表現自己

不要急著想成為「人氣王」！

小結

多數人都有急於表現自己的心理，但在不夠了解現場的情況下，就急著想成為全場注目的焦點，可能會造成反效果；不但無法適時發揮幽默感，甚至還會讓人反感。

2.延續話題表達幽默

明明在討論考試，卻突然聊起天氣，感覺很奇怪！

小結

合適的幽默應該是在聊天過程中，接續話題而延伸出來的；而不是突然將話題轉到毫不相關的事情上，這樣會讓人覺得很唐突，通常也不易引起別人共鳴。

3.幽默屬於輔助的角色

幽默無法取代人與人之間的正常交流。

小結

人與人交流，主要是為了相互傳遞事物的內容，在交談中，幽默是屬於輔助的角色。所以要觀察實際狀況，再決定是否發揮幽默感，來拉近彼此的距離、緩和談話的氣氛等。

　「順其自然」是幽默的基本原則，無論是在生活中，還是在看喜劇、聽笑話、閱讀幽默小故事等情況。成功表達幽默的方式，通常都是順其自然的引用題材，而具有讓人自然而然發笑的效果。但許多人在運用幽默時，常不小心忽略了幽默的本質，絞盡腦汁刻意製造出來的幽默，往往令人覺得矯揉造作，反而不好笑。

　我們在說話前，就要先了解現場周圍的情況。例如同學正在專心看書，或是老師正在課堂上講課時，表現幽默可能就會影響到他們。在一些嚴肅或悲傷的場合，如喪禮上，也不應隨便表現幽默，因為對方更需要的是安慰和幫助。在莊重的集會或公眾場所中，也應盡量避免搞笑，因為這些場合，通常也不適合表現幽默。所以我們要看場合說話，如果幽默派不上用場，就要換成別的應對方式。

23
● 學會自嘲 ●

  什麼是自嘲？自嘲可以簡單解釋成「自己嘲笑自己」。我們不應隨便嘲笑他人，但可以嘲笑自己，這也是一種幽默的方式。表面上，自嘲像是自己說出自己的短處，暴露自己的缺點，但事實上這種方式更容易獲得大家的理解，讓我們建立起和善、友好的形象，使同學們都樂於和我們交朋友。

可能會產生的心理阻力

自己嘲笑自己？太難做到了。

向別人暴露自己的缺點，會讓大家覺得我很呆吧。

如果被大家知道我的缺點，他們以後就會拿來開玩笑。

自嘲太難了，我應該學不會。

心理分析和暗示

1 自嘲可以成功的化解尷尬、緩和緊張的氣氛。

2 善於自嘲的人，通常也很受歡迎。

3 自嘲可以表現出自己謙虛的形象，讓朋友接納我。

4 學會自嘲，其實不是一件很難的事。

技 巧 練 習 及 總 結

1. 要有自娛的精神

學會自嘲的幽默。

小結

能先做到笑自己，也就是具有自娛的精神，才能夠不在意別人的看法而嘲諷自己，同時正視自己的不足。

2. 適合自嘲的情況

自嘲可以應對的情況很多，學會自嘲非常有用！

小結

有些情況可以適時的運用自嘲。例如演講剛開始使用自嘲，可以緩和緊張的氣氛，也可以吸引聽眾的注意。表現謙虛時使用自嘲會更好，此時大家不會覺得我們很驕傲或太過謙虛。遇到尷尬的場合也可以運用自嘲來化解。

3. 自嘲要拿捏好分寸

但是，過度的自嘲會讓人覺得很假。

小結

運用自嘲要拿捏好分寸。因為自嘲是調侃自己，如果太過誇張，就會讓人覺得很假，也會失去應有的樂趣與自嘲的意義，甚至可能令人反感。

4. 避免在同一件事情上反覆自嘲

總是在同一件事情上反覆自嘲，會讓人覺得說話不誠懇。

小結

自嘲是用一種半開玩笑的方式，將事情描述出來。如果常在同一件事情上反覆自嘲，就會逐漸失去原本自嘲的效果，也會讓人覺得囉嗦或不夠誠懇。

和心理博士聊聊天

　　自嘲就是運用嘲諷的語氣，來貶低或嘲笑自己，是一種很常見的幽默方式。自嘲的人並不是真的想嘲笑自己，而是帶有「醉翁之意不在酒」的意思。在社交場合中，運用自嘲能製造幽默的氣氛，縮小與對方之間的距離，還可以緩解緊張的情緒、展現自信，是一種樂觀豁達的表現。

　　取笑自己，也可以讓交談的氣氛更輕鬆愉快：例如笑自己長得不好看、事情做得不好等等，除了可以娛樂自己，也可以讓別人更容易接納我們、喜歡我們，並真正被我們吸引。自嘲運用在社交場合中，是一種非常有用的幽默方式，別的方法無法發揮作用時，不妨拿自己來開玩笑，至少，自嘲時別人不會生氣。

24
● 具備寬容的心態 ●

　　心胸寬大的人，往往也具有幽默感，所以培養寬容的心態，有助於提升幽默力。我們可以在與朋友往來的過程中培養寬容的心態，例如我們身邊有在某些方面比自己優秀的人，也有比自己差的人，不要嫉妒優秀的人，而是要向他們學習；不嘲諷比較差的人，並盡力去幫助他們。如此一來，我們才能成為一個寬容、樂觀和幽默的人。

可能會產生的心理阻力

我很難容忍別人的缺點！

我覺得心態不需要太寬容。

可以嘲弄別人的時候，還是要嘲弄一下。

心理分析和暗示

1 當一個寬容的人，每天都會過得很快樂！

2 一個具有幽默感的人，也必定是一個心胸寬大的人。

3 能夠包容很多事物，才更容易發揮幽默的效果。

技巧練習及總結

1.學會「換位思考」

站在別人的角度思考問題,能幫助我們更適切的發揮幽默感。

小結

「換位思考」就是指與別人立場不同時,能夠站在對方的角度思考問題。如此一來,我們就能理解對方的感受,心態也會更寬容,能減少雙方之間的矛盾,我們也可以更適切的發揮幽默感。

2.學會接受差異

了解每個人都有所不同,才能知道哪些事情適合拿來開玩笑。

小結

每個人的成長環境不同,生活習慣也不一樣。如果因為習慣不同和朋友之間產生矛盾,我們要保持寬容的心態,接納與自己習慣不同的地方,這樣才能知道哪些事情適合拿來開玩笑。

3.在社交中學會寬容

在社交中學會寬容,與朋友正常交往,不輕易嘲笑別人。

小結

多和大家交流,才能發現每個人的優點與缺點,學會容忍別人的缺點,在社交場合中才不會輕易嘲笑別人,發揮幽默感時,也不會因為沒人回應而覺得沮喪,最後能與大家和樂的相處和交流。

幽默也可以說是一種樂觀豁達的人生態度。幽默的人具有寬廣的胸懷，能看到事物滑稽有趣的一面，所以面對各種人事物時不會過於計較，也不會過於狹隘的看重利益。

想要用幽默來解決問題與化解矛盾，就要學會寬宏大量，避免斤斤計較。如此才能擺脫消極、沮喪與難過的情緒，使我們覺得更輕鬆、更愉快。另外，樂觀的態度也有助於我們發揮幽默感。生活中多一點輕鬆與樂趣、樂觀與幽默，就能勇敢的面對與克服困難，也不會再愁眉苦臉、憂慮不安了。

幽默的人，也具備了從容不迫的生活態度。

25
● 提升表達能力 ●

　　想要提升幽默力，就不能忽略口語的表達能力。幽默除了使用表情和肢體動作來表現外，多數情況還是使用言語來表達，所以有趣的口語表達非常重要，如果口才不好，也很難成為幽默高手。具備優異的口才有許多條件：首先要懂得調節與控制自己的情緒；其次要說話流暢、能言善道，除了能完整陳述事情的內容，還要能講出「搞笑」的味道。

可能會產生的心理阻力

口才不太好的話，
靠表情和肢體動作
來彌補就好了。

從小口才就不好，
要改善這個問題實
在沒什麼信心。

要提升自己的口才
感覺很難，還是放
棄培養幽默感吧！

心理分析和暗示

1 如果想成為幽默高手，口才好當然很重要！

2 有意識的訓練自己的口才，說話會變得更流暢、也更
有條理。

3 學會在陳述事情時，講出「搞笑」的味道。

技巧練習及總結

1.克服怯場

社交經驗足夠多就不容易怯場，也能更自然的使用幽默。

小結

要改善口才，首先要能調整好自己的情緒，至少要能克服怯場。不怯場時，思考能更活躍，也才能自然發揮幽默感。為了克服怯場，我們平時可以多參加一些社交活動，多跟其他人交流。

2.能清楚的表達內容

為了讓幽默發揮功效，我們需要清楚的表達內容。

小結

提升口才還有一項重點，就是能清楚的表達內容。如果在說玩笑話或使用幽默時表達得不清楚，讓人無法理解，效果就會大打折扣，也可能不小心造成尷尬或誤會。

3.增加詞彙量

豐富的詞彙量有助於達成幽默的效果！

小結

大量的詞彙可以更清楚表達出幽默的想法，並達成幽默的效果。如果詞彙量不足，語言表達能力不夠好，就很難好好的發揮幽默感。所以多累積自己的詞彙量，多向老師、爸媽、其他人，或從書本上學習。

聽一些幽默機智的故事。

小結

同一件事由不同的人表達出來，效果是不一樣的。敏捷的思考可以讓我們說話時更加能言善道；透過多聽一些幽默或機智的故事，或玩一些腦筋急轉彎的遊戲，都可以訓練我們思考的敏捷性。

和心理博士聊聊天

　　出色的表達能力包含下面一些因素，大家可以參考並試著訓練自己的口才。

1. 設身處地為他人著想，懂得換位思考，可以讓人覺得輕鬆愉快。

2. 對人敞開心房，誠懇的交談，別人也會願意向我們吐露內心的想法。

3. 口才好的人可以談古論今、借題發揮，具有很強的感染力，能讓聽者回味無窮。

4. 巧妙運用迂迴的方式說話，對於表達觀點、意願或想法很有幫助。說話迂迴而點到為止，反而能讓聽者聽出言外之意，並欣然接受。

26
● 接觸輕鬆幽默的故事 ●

　　就和多向幽默的朋友學習一樣，為了提升幽默力，多聽、多看一些輕鬆幽默的故事，也是很有用的方法。輕鬆幽默的書籍或動畫作品，除了可以帶我們歡樂及培養樂觀的精神，還有助於提升幽默感。我們也能根據自己的實際情況，向故事中的人物學習，或模仿他們的做法。這是提升幽默能力最直接、最有效的方式之一。

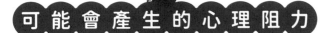

可能會產生的心理阻力

課業壓力很大，沒有時間看些輕鬆幽默的故事。

如果天生沒有幽默感，看再多幽默的故事也沒有幫助。

書本裡的世界跟現實世界不一樣，和大家在一起時，很難實際運用。

心理分析和暗示

1 無論如何，多聽、多看一些輕鬆幽默的故事，總比沒看來得好。

2 幽默感是可以透過多聽、多看的方法來培養的。

3 先藉由幽默故事陶冶心靈也很好，不必要求馬上就能從故事中學到很多幽默的方法。

技 巧 練 習 及 總 結

1. 有計畫的多聽、多看

廣泛接觸不同的幽默作品。

小結

想提升幽默感,可以有計畫且廣泛的多聽、多看一些幽默的故事。除了書本外,還可以欣賞例如《湯姆貓與傑利老鼠》、《海底總動員》、《豆豆先生》等動畫或影片,這些作品中的搞笑內容令人很容易接受。

2. 培養幽默的個性

並不是一定要學到幽默的方法,主要是讓自己變得更樂觀、寬容。

小結

培養幽默感的目的,不在於學到使用幽默的具體方法,而是要能養成幽默的個性,讓自己變得更樂觀、更寬容,喜歡搞笑,便能感受幽默帶來的樂趣。

3. 在現實中套用故事裡的幽默方法

故事裡的幽默方法是否合適使用,還要看現實的狀況。

小結

如果想把一些幽默故事裡的方法應用在生活中時,要注意故事與現實的情況是否相似。因為幽默方法需要視場合和對象而定。

和心理博士
聊聊天

　　平常所看到的一些有趣小故事、漫畫、動畫、喜劇電影或影集等等，包含了許多幽默的方法，我們在看這些作品時，可以將其中幽默的語句和搞笑的事情記錄下來，並在適合的場合中實際運用。只要我們持續努力，一定會愈來愈有幽默感。

　　另外，記錄下來的幽默方法不僅可以視實際情況使用，還可以再自己改變，創造出新的幽默方式。知識是幽默最好的工具之一，見多識廣的人更容易創造和運用幽默。所以，如果想要提升幽默感，可以多熟悉世界各國的歷史典故、風土民情等，吸收各種知識、名人軼事等資訊。平常多看書、多累積自己的知識，創造和使用幽默時就能更得心應手。

27
● 分享生活中有趣的事 ●

　　想提升幽默力，讓自己變得更有趣，平時可以多找找看身邊有哪些有趣的人事物，這也是具備幽默感的基本能力。如果每天都能向別人分享生活中有趣的事，對於提升幽默力很有幫助。在聊天過程中，我們可以自由發揮，用自己認為有趣的方式來分享，甚至還可以說得誇張一點，製造有趣的效果。

可能會產生的心理阻力

生活中好像沒什麼有趣的事。

不太會講有趣的事，怕講不好。

如果把事情講得太誇張，別人會覺得我很油嘴滑舌吧。

心 理 分 析 和 暗 示

1 生活中有很多有趣的事，可以跟爸媽和同學們分享。

2 分享有趣的事並不是考試，用我們自己喜歡的方式分享就好！

3 仔細觀察生活中的各種人事物，會發現其實有很多有趣的題材。

技巧練習及總結

1.每天都能分享開心的事

讓自己變得更樂觀，也能提
升幽默感。

小結

先從分享開心的事做起。每天睡覺前說
說自己今天遇到的開心事，慢慢也會變
得更樂觀，而樂觀的人，通常也具有幽
默感。

2.用有趣的方式分享

試著用有趣的方式分享，並
加上自己的見解與情感。

小結

我們可以透過講故事來增強口語的表達
能力。具備口語表達的基礎後，再試著
用更有趣的方式重新講一次故事，並加
上自己的見解與情感，看看是否能逗樂
大家。

3.視情況加油添醋

分享故事時，可以視情況加
油添醋試試看！

小結

講故事時，可以試著稍微加油添醋。例
如編故事或吹牛，本身也是一種詼諧的
行為，可以讓分享的故事充滿誇張與幽
默的效果。當然也要視情況而定，在不
造成誤會的前提下進行。

其實幽默就在我們的身邊。

每個人都能藉由循序漸進的訓練與嘗試，讓自己的「幽默細胞」活躍起來。而幽默使用的題材往往就在生活中，有賴我們自己去尋找，多留意身邊幽默的人事物，例如注意班上發生了什麼事情。

另外，累積再多經驗也需要實際演練，如果只是默默記下幽默的題材，但遇到朋友後卻沉默不說話，就無法發揮幽默效果了。在日常生活中，我們可以試著發揮自己的創造力，翻出大腦中儲存的幽默題材，向別人分享幽默的話和有趣的事，在不同場合中使用不同的幽默方式。當我們愈能運用幽默的題材，幽默感就會愈來愈好，最後也會慢慢變成我們人格特質中獨特的一部分。

28
● 模仿與扮演 ●

　　模仿與扮演也是一種表現幽默很常見的方式。如果學會表演，對提升幽默力會有很大的幫助。

　　首先要了解可以模仿哪些角色。對象可以分為虛擬角色和真實角色；虛擬角色通常是我們比較熟悉的故事或動畫中的人物，真實角色則是我們生活中熟悉或認識的對象。模仿這些角色，把情境帶入現實生活中，為身邊的人帶來歡笑。

可能會產生的心理阻力

1.
我天生就不太會演戲，不論是模仿誰都不太像。

▶

2.
模仿別人的感覺有點不好意思。

▶

3.
不知道大家喜不喜歡，如果不喜歡的話應該會很尷尬吧。

心理分析和暗示

1 演技不需要太好，主要是要讓身邊的朋友覺得快樂。

2 把模仿看成一種即興表演，只是單純為身邊的人製造搞笑的氣氛。

3 覺得太悶時，偶爾表演一下能讓大家覺得輕鬆點。

技巧練習及總結

1.模仿大家都知道或喜歡的角色

觀察一下朋友最近都在看什麼書或動畫影片。

小結

最好模仿大家都知道或喜歡的角色。從最近朋友都在看的書或動畫影片中,尋找適合搞笑的人物,模仿他們的表情、言語或動作。如果模仿的角色大家都不知道,就很難引起共鳴。

2.模仿生活中熟悉的人

例如模仿老師上課、警衛叔叔打招呼的動作來搞笑。

小結

老師、班長、警衛叔叔等,是我們生活中較熟悉的人。藉由模仿這些人物的行為來搞笑,例如模仿老師上課,模仿警衛叔叔打招呼的招牌動作等。

3.直接模仿幽默的角色

直接模仿豆豆先生、孫悟空等角色,效果也很好。

小結

也可以直接模仿動畫或影片中那些幽默的角色,例如豆豆先生、孫悟空等,因為這些角色的行為表現,本身就帶有幽默感。

我們可以透過模仿與扮演來表現幽默。模仿的對象可以包括小說、動畫、電視影集等作品中的角色,或是我們生活中熟悉的人物;他們的說話語氣、思考方式,以及行為舉止等等都可以模仿。

生活中遇到事情解釋不清楚、溝通有問題等麻煩的情況時,通常很難用言語表達來解決。此時透過模仿,來表達我們的想法,往往能輕鬆解決問題。另外,在面對堅持己見的人時,單純用交談討論意見的溝通效果可能不太好:如果反向思考,透過模仿對方的說話及思考方式來應對,或許能讓對方不再反駁,甚至產生幽默的效果,讓交談時氣氛更輕鬆有趣,也更加順利。

29
● 學習大人的幽默感 ●

　　大人的幽默感與使用幽默的能力，和小孩的層次是不一樣的，但我們仍可試著學習大人的幽默感。無論是對大人或是小孩，許多幽默的感受都是相通的。例如我們可以從大人身上學到幽默的思考方式，以及許多表達情感、事物的用詞。雖然有些字詞的意思我們可能還不太了解，但透過慢慢的學習與運用，就能逐漸提升我們的言語表達及幽默力。

可能會產生的心理阻力

身邊好像沒有具備幽默感的大人，該怎麼辦呢？

大人的生活習慣和經驗跟我們不一樣，很難從他們身上學習吧？

大人有很多幽默，是我們無法理解的吧？

小朋友不用刻意去了解大人的世界，以後長大就會懂了。

心理分析和暗示

1 對於大人和小孩而言，很多幽默的情感和體驗都是相通的。

2 可以從爸媽或老師身上，學到更多不同的幽默感。

3 我們可以跟爸爸媽媽一起提升幽默感！

技巧練習及總結

1.找出身邊具備幽默感的大人

向老師學習好玩又有趣的上課方式。

小結

平常我們會跟很多大人接觸,試著找出身邊具有幽默感的大人。例如某位老師平時在課堂上很好玩又有趣,大家都喜歡上他的課,我們就可以學習這位老師好玩有趣的上課方式。

2.最好的學習對象是爸爸媽媽

從爸媽身上感受幽默。

小結

爸爸、媽媽是我們最親近的大人,他們是最好的學習對象。或許爸媽平常不太搞笑,但仔細觀察可能會發現他們也具有幽默細胞。例如爸媽在講故事給我們聽時,常常也會變得像個孩子一樣,這也是一種幽默。

3.在家庭生活中發揮幽默感

在家人之間散播歡樂。

小結

可能有些人會覺得爸媽不太搞笑,沒關係,我們可以發揮幽默感,讓爸媽感受到我們有趣的一面,他們也會慢慢變得更幽默,然後彼此互相影響。

和心理博士聊聊天

　　幽默是一種結合智慧與成熟心智的表現。幽默的人需要有豐富的知識基礎，並了解生活中各種不同的事物，才會有許多幽默與搞笑的題材。而大量的知識和經驗，需要很長的時間累積和親身的經歷體驗，所以在大人的世界裡，往往更容易找到具有幽默感的人。

　　我們可以從大人身上蒐集到許多幽默的題材，平時多觀察、多記錄，並不斷充實自我，就可以讓腦中的資料庫有廣泛的幽默題材，未來在面對任何人或是在任何場合中，就能從容不迫的展現幽默與自信。

30
● 學會臨機應變 ●

　　要成為有幽默感的人，臨機應變的能力很重要。什麼是臨機應變的能力？就是當一些意外狀況突然發生時，我們能即時做出適當的處理。例如和別人交談時，對方突然開了不太恰當的玩笑，或是我們不小心說出會引起對方不滿的話，在這意外的狀況下，如果能夠運用幽默臨機應變，就可減輕或化解尷尬。

可能會產生的心理阻力

如果突然發生意外狀況，我會很緊張。

不論發生什麼事情，反正就按照原本的計畫進行就好。

現場會發生什麼事是沒有辦法控制的。

我就是沒有這種臨機應變的能力。

心 理 分 析 和 暗 示

1 學會臨機應變，能適當的使用幽默。

2 根據現場情況做出應對，幽默的效果會更好。

3 只要用心練習，一定能學會臨機應變的能力！

技 巧 練 習 及 總 結

1. 聊天時維持良好的心理狀態

只有控制好情緒，才能冷靜
思考應對方式。

小結

不論遇到什麼突發狀況，都要盡量保持
冷靜的心理狀態，並控制好情緒，才能
學好臨機應變的能力。例如聊天時覺得
很緊張，就可以試著假裝讓自己看起來
很鎮定，這樣可能就會慢慢調整好緊張
的情緒了。

2. 保持正面的情緒狀態

正面積極的情緒，有助於發
揮幽默力。

小結

遇到突發狀況時如果情緒焦急、思緒混
亂，就很難做出適當的應變。保持冷靜
與積極的態度，才能靈活運用幽默來應
對。所以我們可以主動思考各種可能的
解決方式。

3. 累積足夠的知識和經驗

臨機應變就跟考試一樣，需
要累積知識和經驗。

小結

臨機應變的能力，與知識和經驗是否足
夠有很大的關係。就跟考試一樣，理解
與熟悉的知識愈多，愈能應付試卷中的
難題。

和心理博士
聊聊天

　　臨機應變，找到適當的幽默方法去解決問題，需要冷靜思考，保持鎮定不慌張的情緒。

　　在生活中總會遇到一些尷尬的場面，當發生意外的危機狀況時，靈活運用幽默可以幫助我們化解這些情況。懂得應變，適當使用幽默，也許就能順利解決生活中的問題。

　　首先，觀察事物的能力很重要，快速掌握事物的本質，具備機智與敏捷的反應，並正確運用適當的比喻與詼諧的言語，這些都是提升幽默感的重點。另外，使用幽默的時機也很重要，往往在突然發揮時，效果很好，這就要靠我們平時多累積知識和經驗，提升臨機應變的能力。

搞笑的同學常帶給大家歡樂。

5

錯誤的幽默

第二天

對不起！昨天我只是想讓大家輕鬆點，但那時應該要認真討論才對。

當然囉！正經討論時不應該搞笑。

我了解了，不能為了想幽默而幽默，如果不看情況就搞笑，可能會有反效果！

運用幽默時，你還需要注意更多不同的情況。讓我們繼續往下看吧！

31
● 朋友很難過時 ●

　　聽說小Q的爺爺最近生病住院了。大家在一起玩的時候，他總是一個人安靜的在旁邊。平常我只要扮鬼臉，他就笑得很開心，現在逗他卻沒什麼反應。今天扮鬼臉嚇他，他卻罵我「煩死了」，讓我當下不知所措。只是想讓他開心點，難道我做錯了嗎？

　　雖然我們出發點沒錯，但方法不對。朋友很難過時，不太適合開玩笑，這時平常的幽默方式不但沒有用，還可能讓朋友覺得反感或憤怒。

可能會產生的心理阻力

平常很容易就可以逗他笑，現在應該也一樣！

想逗他開心，結果還反過來被罵。

他真沒幽默感，以後不想要跟他玩了。

連開玩笑都不行，那就一直悶下去啊！

心 理 分 析 和 暗 示

1 他已經很難過了，我不應該再對他亂開玩笑。

2 以後自己要多注意，隨便搞笑也是會讓人反感的。

3 等他心情好一點，再找機會跟他道歉吧！

4 希望他爺爺早日康復，他就能快樂的跟我們一起玩。

技巧練習及總結

1.錯誤的做法：以爲幽默是萬能的

有時候幽默也會讓人感到不開心。

小結

幽默不是萬能的，搞笑前也要了解對方的狀態。朋友難過時，通常不太適合對他們開玩笑。可能我們一心只想讓朋友快點開心起來，但這時如果跟平常一樣「幽默」，可能只會讓他心情更差。

2.用其他更適當的安慰方法

想一想，除了開玩笑還能怎麼做呢？

小結

除了開玩笑，還有其他的安慰方法。例如拍拍朋友的肩膀，表示能理解他的心情；當他需要幫忙時，盡力達成；當朋友傷心流淚時，遞給他衛生紙等等。

3.最好的方法是等待

有時支持朋友，就是讓他自己靜一靜，慢慢平復心情！

小結

朋友很傷心時，不需要再對他說過多的話，也不要使用幽默逗他開心，而是讓他自己靜一靜，給他點時間讓心情平復下來。等朋友逐漸走出悲傷的情緒後，再以平常心面對他就可以了。

能視情況不亂搞笑，才是懂
得幽默的人。

小結
嚴肅的場合就不應該亂開玩笑，也
不要隨意耍幽默，要懂得拿捏正經
的態度。

和心理博士
聊聊天

　　有時身邊的朋友會遇到難過的事情，面對朋友悲傷的心
情，我們會有同情心。但這時我們常會不知所措，不知道
該怎麼做才能讓朋友開心一點。有些人認為幽默無論什麼
時候都有用，但在別人心情不好時，使用不恰當的玩笑，
反而會讓對方覺得我們幸災樂禍、不尊重他，甚至還會引
起不必要的誤會，讓對方更心煩。

　　朋友悲傷時需要的是安慰、傾聽和陪伴，我們可以對朋
友表達支持和鼓勵，等他從悲傷的情緒中慢慢走出來。因
為這時對方的心情很低落，所以安慰對方時不應該過於搞
笑，要用同理心看待。

32
● 別讓幽默變成嘲笑 ●

　　小P週末打球受傷了，今天一拐一拐的來上課。期末考快到了，班上的氣氛有點緊張，我想讓大家輕鬆一下，所以就模仿小P走路一拐一拐的樣子。大家都被逗得哈哈大笑，但小P卻很不高興，他說我在嘲笑他，但我只是想讓大家放鬆心情而已。

　　想讓大家輕鬆一下是很好的，但把快樂建立在別人的痛苦上，則是不應該的。對其他同學來說是搞笑，但對小P來說反而變成嘲笑了。

可能會產生的心理阻力

模仿受傷的同學走路滿好玩的，我覺得這點子不錯。

我沒有惡意，是他誤會我的意思了，這不能怪我。

他覺得不開心也沒辦法，至少其他同學都很開心。

不知道他為什麼生氣，他愈不開心，我就愈想模仿！

心 理 分 析 和 暗 示

1 幽默和嘲笑有時表現起來差異不大，要多小心。

2 同學已表達不滿了，我應該馬上停止開玩笑。

3 不應藉由讓某人覺得不開心，來讓大家覺得快樂。

4 雖然沒有惡意，但已經傷害到同學了，只是當下自己沒注意。

技巧練習及總結

1.沒有惡意也可能造成傷害

有時即使自己沒有惡意，也
會對別人造成傷害。

小結

有時即使本身沒有惡意，也會不小心變
成諷刺和嘲笑。開玩笑的出發點通常是
好的，但最後被誤認為是嘲笑，是因為
不了解別人的心情，沒有站在他人的角
度去思考，而自認為對別人沒有影響。

2.不應利用別人的痛苦或缺點

利用別人的痛苦或缺點來開
玩笑，是非常不應該的！

小結

幽默會變成諷刺和嘲笑，往往是因為利
用別人的痛苦或缺點來開玩笑。所以在
使用幽默時，應避免提起朋友不想討論
的話題，也不應建立在別人的傷痛或缺
陷上。

3.不應犧牲某人的快樂

不能藉由讓某人不開心，來
讓大家開心。

小結

使用幽默時變成諷刺或嘲笑，往往是發
生在公開的場面，這種場合很容易放大
嘲諷的程度，演變成某人被大家取笑。
為了避免幽默變成嘲諷，要注意不能讓
某人覺得不開心，來換取大家的快樂。

和心理博士
聊聊天

幽默可以為大家帶來歡笑，但若使用不當則會讓人生氣，甚至帶來傷害，影響別人對我們的看法。

綜合性的辭典《辭海》中，將幽默一詞解釋成：透過影射、諷喻、雙關等修辭手法，在善意的微笑中，揭露生活中的錯誤與不合情理的地方。而諷刺則是用比喻、誇張等手法，對不好的、愚蠢的行為進行批判或嘲笑。

幽默與諷刺雖然類似，但有所區別。最大的差別就是諷刺含有明顯的貶義，而幽默則是沒有惡意或是包含善意的。

所以使用幽默前一定要考慮周全，顧及到每個人的心情和尊嚴，才不會使用不當；還要小心別讓幽默的話，變成刻薄諷刺的言語，否則可能會冒犯到其他人，使我們的人際關係變差。與人交談時，我們要避免下面的情況：利用對方的弱點開玩笑、對親近的人說話時不顧對方感受、針對別人的缺點大肆批評、拒絕別人時口氣還帶有諷刺的意味，這樣才能避免讓幽默變成嘲笑諷刺。

33
● 不應爲了幽默而幽默 ●

　　今天班上開期末班會，大家都很認真聽老師說話，氣氛也比較嚴肅。我想幽默一下，就在臺下一直扮鬼臉。開完會後老師私下找我談，他說每位同學都很認真在聽講，我怎麼一直搗蛋呢？我沒有搗蛋，只是想幽默一下而已，為什麼幽默會變成搗蛋呢？

　　老師並沒有說錯，主要是因為我們使用幽默的時機不對。我們不應該為了幽默而幽默，而是要看場合使用，否則只會讓場面變得尷尬難堪。

可能會產生的心理阻力

1.
不論什麼場合使用幽默，都可以讓大家開心。

▶

2.
想讓大家覺得我不論何時都很幽默。

▶

3.
我一定要想出一些幽默的點子，讓大家都覺得很開心！

心 理 分 析 和 暗 示

1 搞笑要看情況，不是所有的場合都需要。

2 如果不知道該如何讓別人開心，就不要自己硬是去耍幽默。

3 為了讓別人覺得自己很幽默，就不看情況的亂搞笑，只會造成反效果。

技 巧 練 習 及 總 結

使用幽默是為了解決問題。

小結

我們要記得，使用幽默主要是為了解決問題，例如活絡氣氛、讓別人開心、化解尷尬的場面等等，而不是為了突顯自己很幽默。

2.嚴肅的場合不應使用幽默

不當的搞笑，有時是種不尊重的表現！

小結

嚴肅的場合不應隨便使用幽默，例如需要認真討論的會議、升旗典禮或悼念的場合等等。在這些場合，搞笑可能會變成一種不尊重他人的表現。

3.多問自己「適合嗎」

再多思考一下，避免讓幽默造成反效果。

小結

為了避免發生不當使用幽默的問題，我們可以多問自己「現在表現幽默合適嗎」。透過這個問題來思考，我們就不會讓幽默造成反效果。

幽默是一種自然的行為，硬
要表現效果不見得好！

小結
硬想出來的搞笑行為，可能不合適實際
的情況，效果可能也不會太好。而且並
不是所有場合都需要搞笑。

和心理博士
聊聊天

　　幽默並不是單純為了搞笑而搞笑，如果只想用搞笑行為
來讓別人覺得開心，而不在乎別人是否真的需要，才是最
可笑的 —— 別人可能反過來嘲笑我們滑稽和愚昧的行為。

　　幽默的內容其實也能包含哲理與智慧。如果只是追求有
趣、搞笑的效果，幽默可能會顯得平凡俗氣，最多也只是
讓大家笑笑而已，沒有其他意義。

　　要成為真正的幽默高手，除了能從生活中發掘、創造幽
默，還要注意使用幽默的時機、場合、環境等因素。

34
● 同個幽默未必適合每個人 ●

　　最近交了一個新朋友，但他個性好像有點悶。我跟小Q在一起時，隨便一句話或一個眼神，他就哈哈大笑，但同樣的方式用在新朋友身上卻沒反應。是他的問題還是我的問題呢？

　　或許沒人有問題，只是相同的幽默未必適合每個人。可能同一件事對這位朋友來說很搞笑，對另一位朋友就不見得了。每個人體會幽默的程度和笑點都不一樣，如果想活絡氣氛，就應根據每個人的實際情況來調整。

可能會產生的心理阻力

都這麼搞笑了還沒反應，他好悶喔！

他應該沒什麼幽默感，以後少跟他開玩笑了。

我覺得自己還滿有幽默感的，應該是他自己太悶的問題。

心理分析和暗示

1 他不是小 Q，所以沒被逗笑也很正常。

2 跟新朋友才剛認識，可能對他還不夠了解，等變熟一點再看看。

3 每個人有自己的笑點，找到笑點就能讓他笑了。

4 新朋友可能不喜歡這種搞笑方式吧！

技巧練習及總結

1.幽默有獨特性

每個人對於幽默的感受都不太一樣。

小結

同一種幽默方式,不可能在任何場合或是對任何人都適用。每個人對幽默的感受都不一樣,有些人考試考不好會很難過,有些人就沒什麼感覺,吃頓大餐馬上就恢復了。

2.需多了解新認識的朋友

如果彼此不夠了解就隨便搞笑的話,並不妥當。

小結

我們要多去了解新認識的朋友,再決定如何使用幽默。如果和對方彼此不夠了解,就表現得像老朋友一樣,做出很多搞笑的行為,也會讓對方覺得困惑而不知所措。

3.先了解朋友的個性

他的個性是內向還是外向?他喜歡開玩笑嗎?

小結

使用幽默前,最好先了解朋友的個性,例如朋友是屬於內向還是外向的人、喜不喜歡開玩笑、喜歡哪種類型的玩笑等等。這些問題主要都跟個性有關,如果能先了解朋友的個性,那搞笑起來就容易多了。

和心理博士
聊聊天

　　相同的幽默由不同的人表現出來，給人的感覺也會有所差異。同一句話，可能因為音量、音調、語氣不同，或說話的人臉部表情不同，而給人不同的感覺。對感受幽默的人而言，每個人的個性、身分地位、當下的情緒等等也不盡相同，所以對玩笑話的接受度也不一樣，因此要先看對象，再決定開玩笑的程度。相同的玩笑，可以對這位朋友說，但另一位朋友卻不一定能接受。即使在開玩笑時，我們也要注意基本的尊重，而不能隨意輕佻或放肆，甚至利用別人的缺點開玩笑。

　　依據幽默的效果，可以分為愉悅型、哲理型、解嘲型及譏諷型。面對不同的人使用不同的幽默，例如對於同學或朋友，適合用愉悅型和哲理型幽默；對於自己，則可根據實際情況適當使用解嘲型幽默；對於不好的人，就可以考慮使用諷刺型幽默，在譏諷對方的同時，換個方式指出對方的缺點。

不要急著想成為人氣王。

6

幽默不被理解時

① 幽默不是萬能的

今天老師公布數學小考的成績。

看到旁邊同學的考卷，我心想是時候
表現幽默了。

考得不錯！不
是最後一名。

哼！好心被狗咬，他活該不開心啦！

我回家跟媽媽說這件事，但媽媽不認同我的做法。

小P也太過分了吧！我只是好心安慰他而已。

反省過之後我想通了，以為
自己的幽默可以讓小P開心
點，但反而傷害了他。

小P對不起，我昨天
不是想挖苦你，只是
想讓你開心一點。

幽默如果使用不當，聽起來反而
像是在諷刺別人喔！

**你可能還會遇到許多使用幽默時別人無法理解的情況，我們
繼續往下看吧！**

35
● 想讓朋友開心卻傷害了他 ●

　　看到朋友難過時想讓他開心點，卻反而不小心傷害了他，有時的確會有這樣的狀況發生。可能是因為我們使用幽默的方式不當，讓朋友反而更難過。遇到這樣的情況該怎麼辦呢？

　　如果只是逃避，不但無法解決問題，也是不負責任的做法。這時我們不應該抱怨自己的幽默不被朋友理解，而是要勇敢的向朋友道歉，減輕對朋友的傷害。

可能會產生的心理阻力

我也是為朋友著想，所以不能怪我吧？

傷害都已經造成了，只能讓朋友自己走出來了。

好心卻變成幫倒忙，以後少管閒事了。

心理分析和暗示

1 應該是我的幽默方式不對，才讓朋友更難過。

2 不論如何，傷害已經造成了，我應該要跟朋友道歉。

3 可能我這次沒想清楚該怎麼做比較好，下次要注意別再傷害到人了！

技巧練習及總結

1.錯誤的做法：造成傷害卻選擇逃避

不知道該怎麼安慰朋友，先遠離好了！

小結

造成傷害後有的人會選擇逃避，可能是覺得自己是出於好意想讓朋友開心，認為自己也沒錯，所以就不管了。也可能是因為不知道該怎麼安慰受傷的朋友，只好先遠離。

2.真誠的道歉，向朋友表明本意

造成傷害後不應逃避，真誠的道歉才是正確的做法。

小結

造成傷害後，最簡單、最直接的做法，就是真誠的向朋友道歉，表明自己向對方開玩笑的本意，並請求對方的原諒。

3.反省思考問題在哪裡

透過反省與思考，可以提升我們的幽默力。

小結

遇到想幫助朋友卻反而傷害他的情況，對我們而言可能也是個打擊。向朋友道歉後應反省思考：是什麼原因造成的？透過分析與釐清問題點，避免再犯相同的錯誤，同時也能提升我們的幽默力。

　　通常我們向朋友開玩笑的本意是好的，但如果不小心踩到別人的地雷，就會產生不好的結果。所以向對方開玩笑時，要先了解對方不願提起的問題，並避免提及相關的話題，以免原本想讓對方開心，卻反而造成別人更加難過，甚至覺得厭惡反感。

　　每個人都有不想談論的話題，大家都不喜歡別人在自己面前提起討論。如果說話時不小心提到，一定要想辦法即時挽回：最好的辦法是笑著說出自己也有類似的問題，自嘲不好的地方，讓對方覺得大家都有一樣的問題，並不是針對他。

　　開玩笑是一種善意的話語，主要是增進彼此間的感情，而不是惡意取笑或傷害他人。生活中多觀察、多反省與思考，避免提及別人的痛處，才能更好的使用幽默，並和諧的與他人溝通。

36
● 玩笑話被當真了 ●

　　說開玩笑的話卻被朋友當真，你是否也遇過這樣的情況？此時我們可能會覺得自己開的玩笑很成功，也可能在心裡想著朋友怎會這麼容易上當。但在我們覺得哭笑不得時，可能會忽略問題的嚴重性：如果不向朋友解釋清楚，讓誤會繼續下去，很可能會造成一連串的傷害，也會破壞我們與朋友間的感情。所以雖然開玩笑成功，但也要即時告訴朋友事情的真相喔！

可 能 會 產 生 的 心 理 阻 力

竟然有人會上當，也太好騙了吧！

朋友把玩笑話當真是他的問題，我只不過是開玩笑而已。

不想多做解釋，讓朋友自己意會過來就好了。

心 理 分 析 和 暗 示

1 我應該告訴朋友，請他不要把玩笑話當真。

2 解釋清楚就好了，朋友會理解的。

3 可能我的玩笑話不恰當，不小心讓朋友當真了。

技巧練習及總結

1.即時向朋友解釋清楚

要即時向朋友解釋玩笑話的真相,以免造成傷害。

小結

玩笑話被朋友當真,可能會造成一連串的傷害,這時我們應該即時向朋友解釋清楚,以免產生更嚴重的後果。如果朋友當真後沒有生氣,那我們等「搞笑的效果」發生後,就要向朋友解釋清楚。

2.稱讚一下朋友緩和氣氛

你的個性真老實,是值得交往的好朋友!

小結

玩笑話解釋清楚後,可以觀察朋友的情緒,視情況稱讚一下朋友。例如「你是很老實的人,是值得交往的好朋友」。除了可以安撫朋友被捉弄後的情緒,也可藉由玩笑話加深彼此的友誼。

3.試著調侃自己

我應該去當演員,專門演喜歡騙人的大壞蛋!

小結

對朋友解釋玩笑話後,也可以調侃一下自己,例如「我應該去當演員,演愛騙人的大壞蛋」、「今天才知道原來我騙人的功夫很好」。適度的自我調侃,可能會讓朋友覺得自己是很有趣的人。

開玩笑是人與人之間常見的取樂方式，除了可以活絡氣氛、營造輕鬆和諧的環境，還可以增進彼此之間的感情。但這並不表示我們可以隨心所欲的開玩笑，甚至不在乎開玩笑的對象、場合或形式等問題。

如果使用幽默時沒有拿捏好分寸，那就不算是真正的幽默了。所謂「物極必反」，是指事物發展到極點，就會朝相反的方向變化；玩笑開過頭、被朋友當真的時候，就會造成反效果。這種變質的玩笑，不僅無法讓人覺得有趣，可能還會傷害別人的自尊和感情，進而影響我們與對方之間的關係。

所以開玩笑時一定要注意場合，並拿捏好說話時的分寸；還要根據對方的個性，開合適的玩笑，才能讓幽默發揮最好的效果。

37
● 說有趣的話題但沒人笑 ●

　　有時我們說自己覺得很有趣的笑話，以為大家也會哈哈大笑，但卻沒人覺得有趣。精心準備很久的笑話，大家竟然聽完都沒什麼反應，多少也會讓人覺得很難過，這時應該怎麼辦呢？堅持要大家認同我們的幽默嗎？

　　能不能好好處理這個問題，就看我們是不是真的具有幽默感。幽默感除了可以逗別人笑，還能夠處理幽默不被其他人理解的窘境。

可 能 會 產 生 的 心 理 阻 力

1.
覺得自己好尷尬，
很丟臉。

▶

2.
大家都沒幽默感，
無法了解我到底在
說什麼。

▶

3.
我要跟大家解釋一
下，這樣他們才知
道這件事很好笑。

心 理 分 析 和 暗 示

1 可能這個笑話真的不太好笑，試著聊別的吧。

2 自己覺得有趣的話題，別人不一定有興趣。

3 雖然有點尷尬，但先想想看怎麼化解吧。

技 巧 練 習 及 總 結

1. 不要追問與解釋

別問大家為什麼不笑，再度引起尷尬會讓大家更反感。

小結

我們覺得有趣的話題，大家不覺得有趣時，場面已經有點尷尬了。如果還追問大家為什麼不笑，甚至急忙解釋為什麼好笑，很容易會再度引起尷尬。如果幽默需要解釋才能理解，就不好笑了。

2. 主動放棄，轉移話題

把話題轉到大家都有興趣的題材上，忘記先前發生的尷尬場面。

小結

這時比較明智的做法是主動放棄，把話題轉移到大家有興趣的題材上，並忘記先前大家沒有反應的窘境。有時幽默的呈現只是一時的，如果沒有效果，就應該立即放棄。

3. 順著話題自嘲一下

大家覺得不好笑很正常，因為我講的笑話從來沒有人笑過！

小結

自認為有趣的話題，沒辦法引起大家的反應，可能是因為沒有人聽得懂；但最可能的原因，還是大家覺得這話題不有趣。在轉移話題前，可以試用自嘲的方式，讓大家重新對我們的發言感興趣。

有時我們講完笑話後，對方沒有哈哈大笑或沒有反應，有可能是使用幽默不當造成的。為了避免這個問題，下面有幾個要點大家可以留意：

1. 避免使用自己不擅長的幽默。開某些玩笑需要有一定的能力，並不是每個人都可以做到。如果說某類型的笑話已經超越我們的能力範圍，那最好先避開這類型的笑話。

2. 避免提及會讓人不愉快的話題。不尊重他人或低俗的玩笑，通常都會讓人感到不愉快，應盡量避免。

3. 避免過多的解釋。說笑話前，要避免說明太多關於笑話的出處和自己的感受，以免花費太多時間，讓幽默的效果大打折扣。

4. 避免談論對方熟悉的話題。談論有趣的話題前，可以先看看對方是否熟悉這個話題，以免說出後對方沒有反應。自己編故事，可以讓話題充滿新鮮感；參考或改編已有的故事內容，實行起來也更容易。

38
● 開玩笑被人誤會 ●

　　我們覺得合理的幽默，可能一不小心就被別人誤會，這種情況時常發生，相信很多人多少有過相同的經驗。這時我們應該怎麼做呢？

　　覺得自己很委屈，不想再跟朋友往來了嗎？這種做法似乎太過任性了。成熟的應對方法，應該是主動檢討自己開的玩笑，並想辦法消除朋友的誤會，最重要的是避免再發生相同的誤會。

可能會產生的心理阻力

被朋友誤會，我也覺得很委屈啊！

朋友太容易誤會別人了，他要自己想通。

自己沒那個意思就好了，不想管那麼多。

以後不想和朋友玩了！

心理分析和暗示

1 自己的幽默被朋友誤會，我也有責任。

2 應該想辦法消除朋友對我的誤會，和朋友和好。

3 檢討自己開的玩笑，避免再被朋友誤會。

技 巧 練 習 及 總 結

1.錯誤的做法：覺得自己沒錯而不理朋友

如果不理朋友，彼此間的友情可能難以挽回。

小結

可能有人會覺得幽默被誤會，是朋友的問題，所以決定不再理朋友了，但這樣可能會加深彼此間的誤會，破壞兩人的友誼，甚至到無法挽回的地步。所以我們應該先主動承認自己的錯誤，才能解決問題。

2.主動想辦法消除朋友的誤會

想辦法消除誤會，有助於恢復彼此間的友誼。

小結

我們應該想辦法盡快消除誤會。如果當下沒有做到，也要在事後尋找適合的機會，向朋友解釋自己只是開玩笑，請朋友不要誤會，讓彼此間和好。

3.自己的幽默總是被誤會

使用幽默時常常被誤會嗎？如果是，就需要檢討和反省自己了。

小結

我們要想想看，自己的幽默是否常常被誤會？並進一步檢討和反省：是否不恰當的使用幽默？是否在使用幽默時忽略了什麼問題……透過思考才能避免同樣的問題再次發生。

和心理博士
聊聊天

　　許多人常會用幽默來活絡氣氛，但往往沒有掌握好使用的時機、場合、對象、方式等，導致常被朋友誤會。有時不合時宜的幽默，反而會傷害到對方，使彼此間的關係出現裂痕。

　　如果你還在學習如何使用幽默，或開玩笑時總被別人誤會，可以參考以下的做法。

　　開玩笑前先和對方打招呼：「嗨，我跟你說個笑話。」然後再說出笑話的內容。提前說明，可以讓對方有心理準備，不會把玩笑話和現實的事情混淆，也能避免傷害到對方。

　　此外，我們還要拿捏好幽默的分寸。即使知道很多笑話，也不要滔滔不絕的說個不停，而沒有考慮到對方的感受。否則會讓別人感到厭煩或覺得受到冷落，我們也會讓人覺得太以自我為中心，只是不斷表現自己而已。

BOOK REPUBLIC 讀書共和國　快樂文化　知識圖書館 009

我來散播歡樂：小學生心理學漫畫 6 培養幽默力！

作　　者：小禾心理研究所
責任編輯：姚懿芯
美術設計與排版：丸同連合

出版｜快樂文化
總 編 輯：馮季眉
編　　輯：許雅筑
FB 粉絲團：https://www.facebook.com/Happyhappybooks/

讀書共和國出版集團
社　　長：郭重興
發 行 人：曾大福
業務平台總經理：李雪麗
印務協理：江域平｜印務主任：李孟儒
發　　行：遠足文化事業股份有限公司
地　　址：231 新北市新店區民權路 108-2 號 9 樓
電　　話：(02)2218-1417｜傳真：(02)2218-1142

法律顧問：華洋法律事務所蘇文生律師
印　　刷：中原造像股份有限公司

初版一刷：2021 年 10 月
初版四刷：2023 年 5 月
定　　價：380 元
ISBN：978-986-06951-7-5(平裝)
Printed in Taiwan 版權所有‧翻印必究

國家圖書館出版品預行編目(CIP)資料

我來散播歡樂：小學生心理學漫畫6，
培養幽默力！/小禾心理研究所著.－
初版.－新北市：快樂文化出版，遠足
文化事業股份有限公司，2021.10　面；
公分
ISBN 978-986-06951-7-5（平裝）
1.幽默 2.兒童心理學 3.兒童讀物
185.8　　　　　　　　110015389

《小學生心理學漫畫6：幽默力》
作者：小禾心理研究所
本書中文繁體版由讀客文化股份有限公司經光磊國際版權經紀有限公司授權快樂文化在全球（不包括中國大陸，包括台灣、香港、澳門）
獨家出版、發行。
ALL RIGHTS RESERVED　Copyright © 2019 by 小禾心理研究所